Lové aux [illegible] sont l'Aunis et le Poitou, le Marais poitevin est un lieu infiniment secret. Éphémère et fragile car à peine émergé de l'océan riverain, il est le fruit du labeur incessant des hommes depuis le Moyen Âge. Espace magique entre terre et mer, territoire aux équilibres précaires, le Marais poitevin recèle de véritables trésors.

Je vous invite, au détour des sentiers, là où l'eau et la terre s'entremêlent, à apprécier la mosaïque de ses paysages, la variété de sa faune et de sa flore, la richesse de son patrimoine culturel… Autant d'éléments qui forgent l'intimité de ce terroir.

Bienvenue dans le Marais poitevin et bonnes découvertes nature.

Yann Helary
Président du Parc interrégional du Marais poitevin

Un batai, embarcation traditionnelle des bateliers du Marais

Sommaire

Le littoral

Le Marais desséché

Du Marais desséché au Marais mouillé

En milieu forestier

Le Marais mouillé

La Venise Verte au fil de l'eau

Limites du Parc interrégional du Marais poitevin
Réserve naturelle
Balade
Site d'observation des oiseaux
VENDÉE
DEUX-SÈVRES
CHARENTE-MARITIME
DEUX-SÈVRES
NANTES
NANTES
POITIERS
POITIERS
SAINTES, BORDEAUX
ROCHEFORT, SAINTES, ROYAN
Fontenay-le-Comte
Niort
La Rochelle
Luçon
Les Magnils Reigniers
Nalliers
Mouzeuil-St-Martin
Le Langon
Grues
Saint-Denis-du-Payré
Saint-Michel-en-l'Herm
L'Aiguillon
Baie de l'Aiguillon
Chaillé-les-Marais
Vix
Marans
Esnandes
Bouillé-Courdault
Maillezais
Taugon
Coulon
Le Vanneau
Arçais
St-Georges-de-Rex
St-Hilaire-la-Palud
Bourdet
Cramchaban
Mauzé-sur-le-Mignon
Épannes
Benon
Île de Ré
Ars-en-Ré
Saint-Martin-de-Ré
Canal de la Ceinture des Hollandais
Canal de Marans à la Rochelle
Sèvre Niortaise
Vendée
Autise
Lay
Mignon
0 5 km
N

Le Parc interrégional du **Marais poitevin**

Ce guide vous invite à vous balader sur le territoire du Parc interrégional du Marais poitevin, reconnu au niveau national pour sa forte valeur patrimoniale et paysagère. Vous pourrez découvrir ses richesses et apprécier son accueil.

C'est parce que le Marais poitevin, deuxième zone humide de France, est un territoire spécifique et fragile qu'il bénéficie de mesures exceptionnelles. Le syndicat mixte du Parc interrégional du Marais poitevin a été créé à cet effet pour mettre en œuvre une politique innovante d'aménagement et de développement économique, social et culturel respectueuse de l'environnement.

La préservation des espaces fragiles et des espèces menacées, la sensibilisation au respect de l'environnement et aux richesses culturelles, l'élaboration d'une offre touristique respectueuse de l'environnement sont autant de projets mis en œuvre par le Parc interrégional du Marais poitevin.

La mise en place d'un réseau d'accueil et d'information reste essentielle. Les Maisons du Parc ont été créées pour favoriser la découverte touristique et la compréhension du marais à travers des activités éducatives, culturelles et touristiques...

Tout sur le Parc

Le Parc interrégional du Marais poitevin est né en janvier 1997. À l'initiative des régions Poitou-Charentes et Pays de Loire, des départements de Charente-Maritime, des Deux-Sèvres et de Vendée ainsi que de 75 communes du Marais poitevin, cette structure a repris le contrat de territoire inscrit dans le label « Parc naturel régional », dévolu au Marais poitevin entre 1979 et 1996. Une quarantaine de personnes s'emploie à protéger et à développer le territoire.

Siège administratif du Parc :
2, rue de l'Église
79510 Coulon
Tél. 05 49 35 15 20
correspondance@
parc-marais-poitevin.fr
www.parc-marais-poitevin.fr

Autrefois, **la mer…**

Le Marais poitevin est un ancien golfe aménagé par l'homme au cours de ces dix derniers siècles. Une longue histoire…

Le comblement du golfe

Il y a 8000 ans, un golfe marin occupait l'actuel Marais poitevin. Parsemé d'îles calcaires émergentes, il s'étendait jusqu'aux portes de Niort (alors inexistante). Avec l'aide des fleuves et rivières, l'océan commença à combler cet espace qu'il avait mis tant d'ardeur à créer, le transformant en une immense vasière. Loin d'être achevé, le phénomène se poursuit encore aujourd'hui dans la baie de l'Aiguillon.

À la conquête de l'espace

Dès le néolithique, l'homme s'installe sur les côtes qui bordent le golfe ; l'océan apporte une nourriture abondante et variée. Les Gallo-Romains le baptisent golfe des Pictons.
Il faut attendre le Xe siècle avant les premières ébauches d'aménagement. Au xiie siècle, les moines commencent à édifier de puissantes abbayes, disposant des ressources financières pour entreprendre de grands travaux. De vastes espaces sont entourés de digues ; des canaux évacuateurs sont tracés.
L'histoire retient surtout le fameux canal des Cinq-Abbés (qui date de 1217) : cinq abbayes – l'Absie, Saint-Maixent, Maillezais, Saint-Michel-en-l'Herm et Nieul-sur-l'Autise – se sont associées pour l'édifier. Ce canal ouvre la voie à l'assèchement du Marais dans la partie proche de la mer, la plus facile à conquérir. Les digues protègent les terres des intrusions marines autant que des eaux douces des fleuves en crue. Deux zones peuvent alors être distinguées : les marais desséchés, endigués et protégés, et les marais mouillés à l'extérieur des digues, inondables et seuls réceptacles des crues. Ces premiers travaux sont malheureusement anéantis par la

L'ancienne abbaye de Maillezais

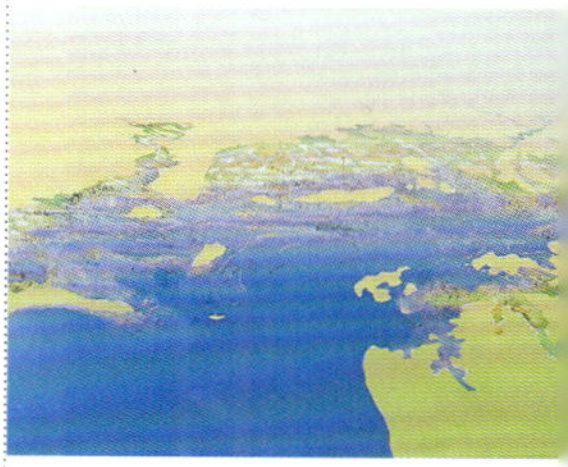

Le golfe des Pictons, il y a 2000 ans

Le golfe des Pictons, au XIIe siècle

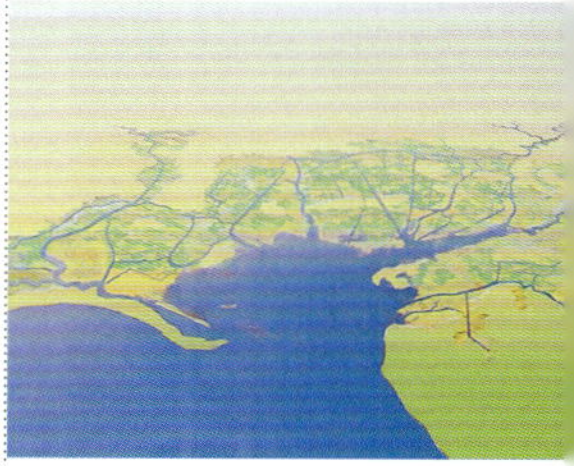

Le golfe des Pictons, au XVIIe siècle

Le Marais aujourd'hui

guerre de Cent Ans (1346-1453) puis par la période trouble des guerres de Religion (1572–1598).

L'émergence du marais desséché

Henri IV fait appel au savoir-faire et aux capitaux hollandais. L'ingénieur Humphrey Bradley est nommé maître des Digues et des Canaux du royaume. Il reprend les ouvrages existants, crée la Ceinture des Hollandais. Il introduit enfin les portes à flots à l'anse du Brault : elles bloquent la pénétration de l'océan dans le marais à marée haute, mais laissent s'écouler les eaux douces à marée basse.

Sous Louis XIV, même si les aménagements sont de nouveau freinés par la révocation de l'édit de Nantes (1685) et par le départ des capitaux hollandais, la relève est assurée. De grands communaux (pâturages à usage collectif) sont créés pour maintenir les populations ouvrières.

Tous ces travaux concernent les partie proches de la mer, à l'abri des inondations. À la fin du XVIIe siècle, le marais desséché possède quasiment sa physionomie actuelle, alors que les marais mouillés restent sauvages jusqu'à la fin du XVIIIe siècle.

Les derniers grands travaux

Au XIXe siècle, les travaux se poursuivent dans le marais desséché, en particulier dans la zone des polders récents (le dernier date de 1965), pour gagner des terres sur la mer.

L'heure est venue de s'occuper des marais mouillés. Les projets mis en œuvre sous le premier Empire sont importants. L'évacuation des eaux de crues et la navigation constituent les principaux objectifs. La Sèvre niortaise est destinée à devenir un axe de transport entre Niort et Marans. Parallèlement lois

Communal du Poiré-sur-Velluire, jument mulassière

Communal du Poiré-sur-Velluire, troupeau d'oies grises

Porte à flots à l'anse du Brault

Curage des voies d'eau à la fin du XIXe siècle

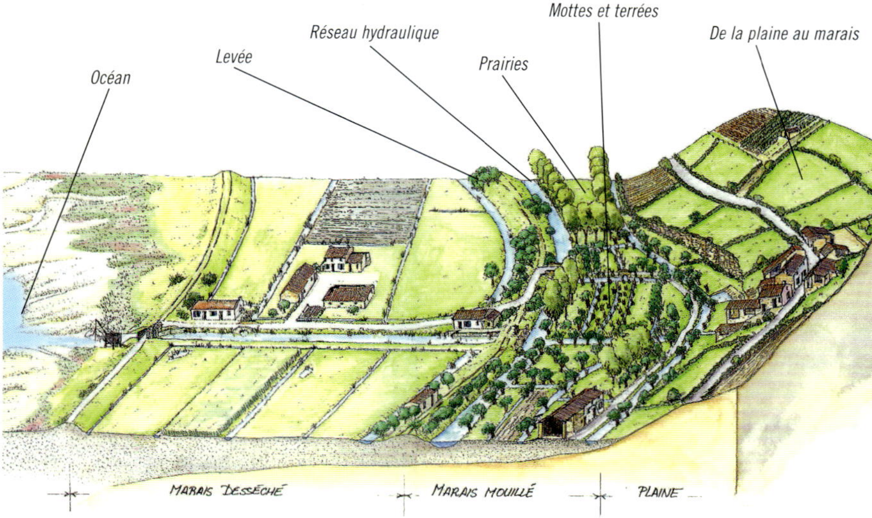

et décrets codifient les endiguements et l'approvisionnement en eau des marais desséchés. Sous Louis-Philippe, une ordonnance royale instaure, en 1833, la création de trois Syndicats des marais mouillés – un par département. Ces associations forcées de propriétaires se répartissent désormais tâches et charges. De grandes rigoles sont tracées entre La Garette et Damvix et au Mazeau en 1845. Sans oublier le canal du Mignon…
L'État assume une partie des travaux : canalisation de l'Autize en 1833, élargissement du Nouveau Béjou en 1836, curage de la Sèvre en 1844… La conséquence de ces aménagements est de provoquer un écoulement tellement rapide qu'il faut à partir de 1850 construire des barrages et des écluses pour maintenir les niveaux d'eau en été.
Les marais mouillés prennent alors un grand virage. Les roselières cèdent définitivement la place aux pâturages et aux cultures maraîchères. Les frênes et les peupliers, plantés vers 1820 pour stabiliser les berges et produire du bois de chauffage, dessinent les paysages actuels de la Venise Verte. Le peuplier et la mojette (haricot demi-sec du marais) valorisent brutalement ces terres humides. Les premières scieries font leur apparition en 1875. Le marais offre alors un visage très proche de celui que l'on connaît aujourd'hui… un visage lentement modelé par l'homme.

Séchage de mojettes

Mini-flore du Marais poitevin

Il n'est pas toujours facile d'identifier une plante, surtout quand elle est petite. Le type d'inflorescence de chaque fleur peut vous aider à les reconnaître. Le pissenlit, par exemple, a une inflorescence en capitule. Les fleurs sont en épi lorsqu'elles commencent directement sur la tige, ou en grappe lorsqu'elles s'y rattachent par un pédoncule.
La disposition des feuilles est aussi un critère important, tout comme la période de floraison, la taille et le milieu dans lequel vit la plante.
Vous trouverez donc sur la page suivante une mini-flore du Marais poitevin pour faire vos premiers pas de botaniste !

L'iris faux-acore est une fleur commune dans le Marais poitevin

Un tuteur à la hauteur

La flore comprend les végétaux supérieurs, plantes à fleurs et fougères, et les végétaux inférieurs, champignons, mousses et lichens. Par commodité on distingue les arbres et les arbustes des fleurs, mais tous font partie du même groupe. Les arbres, végétaux complexes à la grande longévité, sont déterminants dans l'apparition d'autres espèces végétales, et donc animales. Ils protègent du soleil ou enrichissent tout simplement le sol, et peuvent servir de tuteurs à certaines espèces.

Les différents types d'inflorescence

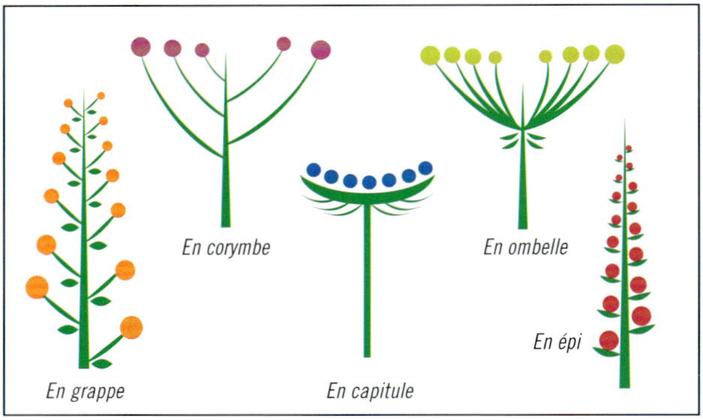

Disposition et forme des feuilles

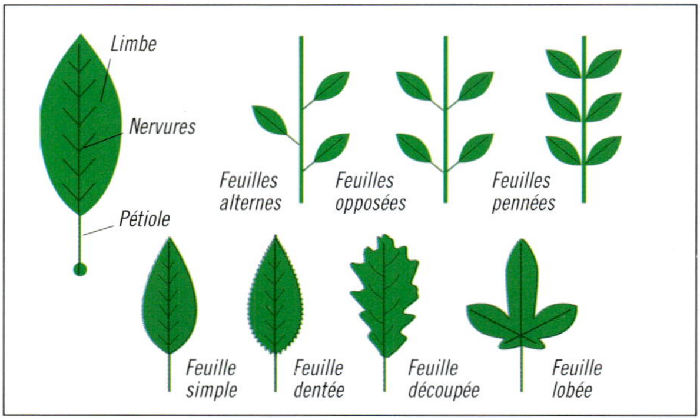

Voici quelques fleurs caractéristiques du Marais poitevin. Pour chaque espèce est indiquée sa période de floraison, sa taille (▲), le milieu où elle vit (●) et des commentaires (▶).

Jonc fleuri
Butomus umbellatus

Juillet-Août
▲ Plus de 60 cm
● Eaux douces, fossés
▶ Également appelée butome, cette plante à fleurs n'est pas du tout un jonc.

Hydrocharis des grenouilles
Hydrocharis morsus-ranae

Juillet-Août
▲ 10 cm
● Eaux lentes, calmes
▶ Ses feuilles ressemblent à de minuscules feuilles de nénuphar

Iris faux-acore
Iris pseudoacorus

Mai-Juillet
▲ Plus de 60 cm
● Marécages, eaux douces
▶ Cette plante est aussi appelée iris des marais. Vénéneuse, le bétail l'évite.

Orchis à fleurs lâches
Orchis laxiflora

Avril-Juin
▲ 30 à 60 cm
● Prairies humides
▶ Sa floraison indique des prairies encore intactes.

Populage des marais
Caltha palustris

Mars-Juin
▲ Moins de 20 à 40 cm
● Lieux humides
▶ L'une des premières fleurs du printemps.

Reine des prés
Filipendula ulmaria

Juin-Septembre
▲ Plus de 60 cm
● Marécages, bois humides
▶ Jadis utilisée comme plante médicinale.

Consoude officinale
Symphytum officinale

Mai-Juin
▲ Plus de 60 cm
● Prairies humides, berges, fossés
▶ Utilisée pour réduire les fractures et pour soigner grippes, bronchites…

Valériane officinale
Valeriana officinalis

Juin-Août
▲ Plus de 60 cm
● Lisières, prairies, fossés
▶ Plante aux propriétés calmantes appelée aussi herbe-aux-chats car son parfum attire les… chats !

Épilobe hirsute
Epilobum hirsutum

Juin-Août
▲ Plus de 60 cm
● Lieux humides
▶ Doit son nom aux poils soyeux qui recouvrent ses tiges et ses feuilles.

Comment utiliser un

Ce livre est composé de deux grandes parties :
les **balades** proprement dites et le **Carnet du naturaliste**.

Longueur, durée, localisation et balisage de l'itinéraire

Carte IGN au 25 000e pour se repérer avec précision

Balades

Sugiton et Morgiou

8 km 4 h 30 Luminy

12 | Les **calanques** de Marseille

Goéland leucophée

A deux pas de Marseille, laissez-vous guider à travers la garrigue par le circaète et le goéland. Tous les vallons mènent à la mer. Une balade au pays où les falaises plongent dans la Méditerranée... Attention, certains passages de cet itinéraire sont très escarpés.

Au bonheur des calanques

▸ À partir du parking de Luminy, après la barrière d'accès au site classé des calanques, suivez un large chemin 1 qui vous amène au col de Sugiton 2.

Le parcours est jalonné de panneaux qui vous donnent des informations sur la végétation, l'utilisation du milieu autrefois, etc. La première partie de votre balade se déroule dans un sous-bois de pins d'Alep et de chênes verts. Vous pourrez entendre le chant du rouge-gorge, l'inlassable refrain du pinson des arbres, les sons grinçants du serin cini ou encore, au printemps et pendant l'été, la voix monotone du pouillot véloce. Le couvert forestier est également le refuge de prédilection de quelques faisans de Colchide, qui trouvent ici un abri sûr.

▸ Au col de Sugiton 2, descendez par un sentier (étroit et pentu) qui part légèrement à droite du panneau. Il vous permet de rejoindre un chemin cimenté qui s'enfonce dans le vallon de Sugiton.

Au-dessus de ce vallon plane régulièrement l'ombre du circaète Jean-le-Blanc. Ce rapace trouve dans les calanques ses proies favorites : les reptiles. Il chasse à l'affût, non pas posé mais en faisant du vol surplace. La couleuvre de Montpellier, la couleuvre à échelons (ici, il n'y a pas de vipères !) et le lézard vert sont souvent victimes de son appétit. En hiver, vous apercevrez des espèces alpines qui descendent au bord de mer. C'est le cas de l'accenteur alpin et du crave à bec rouge. Un climat plus clément qu'en altitude leur permet de trouver des insectes pour se nourrir.

Lézard vert

Géologie
La formation des calanques remonte à plus d'un million d'années. Elle résulte de trois phénomènes. D'abord surélevé et fracturé, le calcaire fut ensuite érodé, à une période où le niveau de la mer était de 120 mètres plus bas qu'aujourd'hui. Des vallées furent ainsi façonnées. Enfin, il y a 10 000 ans, l'eau, en montant, a envahi une partie de ces vallées, donnant naissance aux calanques. Celles-ci rappellent, par leur allure découpée, les fjords norvégiens.

44

12 | Les calanques de Marseille

La descente dans le vallon est aussi l'occasion d'observer les plantes les plus caractéristiques de la garrigue. Aux buissons de lentisque se mêle la salsepareille, reconnaissable à ses feuilles en forme de cœur et légèrement piquantes. Vous rencontrez aussi le ciste de Montpellier, aux feuilles collantes. La végétation est sempervirente (toujours verte) : pas d'espèces aux feuilles caduques, ou très peu.

Un peu plus bas, vous passez sous la longue et haute falaise des Toits, qui abrite, en été, une colonie de martinets à ventre blanc.

▸ Arrivé à l'esplanade 3, empruntez le chemin qui bifurque sur la droite après quelques marches cimentées. Profitez du belvédère sur la calanque des Pierres tombées, et vous voici bientôt dans celle de Sugiton 4.

Les familiers du lieu

Faucon crécerelle, circaète Jean-le-Blanc, goéland leucophée, martinets, fauvettes, merle bleu...

Lapin...

Couleuvres (de Montpellier, à échelons), lézard vert...

45

Les indications d'orientation (en bleu) viennent compléter la carte

Les commentaires (en noir) livrent des informations simples sur la faune, la flore et leurs interactions avec l'homme

Point d'observation correspondant à un commentaire

Espèces les plus courantes dans les environs

guide **Balades nature ?**

Balades

Comment se rendre au point de départ ?
Meilleures périodes et conseils pratiques divers

régulièrement inondées et ensevelies dans des sédiments vaseux et sableux. Piégés par des matières minérales et dans un milieu dépourvu d'oxygène, les troncs et branches n'ont pas pu se dégrader normalement. Le bois s'est transformé en charbon. Ayant gardé tout son pouvoir calorifique, celui-ci, exploité, a été un précieux auxiliaire du développement industriel de la région.

Face à la dynamique végétale de la calamagrostide et l'installation de plus en plus dense de la forêt, le Département a réalisé diverses opérations de gestion et de restauration des espaces naturels. De grosses opérations de déboisement ont été entreprises de façon à recréer des clairières favorables au **pipit des arbres** et à l'**engoulevent d'Europe**. Le pâturage mis en place avec des moutons ou des chevaux vise, quant à lui, à maintenir et à restaurer les pelouses sèches et steppiques du site pour leurs riches communautés végétales. Elles devraient être favorables aux **chevêches d'Athéna**, **cailles des blés**, **alouettes lulu** et **perdrix grises**.
Quelques petites zones humides ont également été créées pour la reproduction des amphibiens, libellules et autres insectes aquatiques.

Pipit des arbres

54

PRATIQUE

Depuis Lille, suivez l'autoroute A1 vers Paris puis l'A21 vers Douai. Prenez la direction de Denain (RN455) et sortez à Lallaing. Traversez l'agglomération, en direction de Flines-lez-Râches (RD35). Empruntez le pont de Lallaing, sur la Scarpe, puis aussitôt à droite le chemin de halage qui conduit, après 2,5 km, au parking d'accueil du site de Germignies nord.

L'itinéraire débute au parking, au pied du terril, sur le chemin de halage du canal de la Scarpe.

Environ 3,5 km. Comptez 1h30 de marche environ.

Une succession de panneaux pédagogiques rythme la balade. L'automne offre au site des ambiances exceptionnelles. Les sous-bois sont rouges grace aux amanites tue-mouche.

Lewarde : le Centre Historique Minier (tél. 03 27 95 82 82)
Bernissart (Belgique) : le musée de l'Iguanodon (tél.+32(0)69/76 66 13)
Wallers-Arenberg : le carreau de fosse, associassion les Amis de Germinal et anciens mineurs de Wallers-Arenberg (tél. 03 27 24 02 67)
Rieulay : la Maison du Terril (tél. 03 27 86 03 64)
Orchies : la Maison de la Chicorée (tél. 03 20 64 83 70)

55

Anecdote sur une espèce
ou mise en lumière
d'un thème en rapport avec la balade

Carnet du naturaliste

Petits carnivores

Mustélidés

Les mustélidés sont de petits mammifères **carnivores** au corps allongé. La **belette** et l'**hermine** en sont les deux plus **petits** représentants. Toutes deux parviennent à se faufiler dans les galeries de campagnols. La **fouine**, plus grosse, préfère les villes et les villages. Le **putois** européen n'a rien à voir avec la célèbre mouflette des Etats-Unis, héroïne de dessins animés… Mais il peut lui aussi émettre une odeur nauséabonde lorsqu'il est blessé ou stressé. Ces animaux ont la **réputation** d'être sanguinaires, cruels et nuisibles, ce qui est faux. **Prédateurs** des petits rongeurs, ils ont leur **rôle** dans l'équilibre naturel.

La laissée des mustélidés est noueuse et en pointe

Fouine — *Martes foina*
▸ Bavette blanche et fourchue qui descend jusque sur les pattes de devant, truffe rose
● Généralement à proximité des habitations
1,3-2,1 kg — 65-77 cm

Putois — *Mustela putorius*
▸ Reconnaissable à son masque, museau, pointe des oreilles et sourcils blancs jaunâtres
● Zones humides, bords de cours d'eau, haies…
0,5-1 kg — 45-65 cm

Hermine — *Mustela erminea*
▸ Ressemble à la belette sauf l'extrémité de sa queue qui est noire
● Haies, lisières, jardins, bois…
200 g — 25-45 cm
Pelage d'hiver

Belette — *Mustela nivalis*
▸ A peine plus gros qu'un campagnol ! Plus petit carnivore d'Europe
● Parcs, prairies, jardins, forêts, haies, champs, friches, dunes…
17-27 cm

96

Traits de caractère de l'espèce
sur un ton anecdotique
accessible à tous

Signes particuliers
de l'espèce

Milieux dans lesquels elle évolue

Dimensions,
poids de l'animal

Guides Balades **nature**
Promenez-vous
les yeux ouverts
En vente en librairie
ou sur Internet : www.dakotaeditions.com
• À deux pas de Paris
• Alsace
• Autour de Paris
• Baie de Somme
• Bretagne
• Camargue
• Corse
• Fontainebleau
• Hautes-Pyrénées
• Jura
• Languedoc-Roussillon
• Limousin
• Luberon
• Marais poitevin
• Nord
• Normandie
• Paris
• Pas-de-Calais
• Pays basque
• Provence
• Rhône-Alpes (5 titres)
• Verdon
• Volcans d'Auvergne
• etc.
Balades nature en Corse
26 balades
http://dakotaeditions.wordpress.com

Légende

- 1 Point d'observation et/ou d'orientation
- Départ
- Itinéraire
- 7 km Distance
- 2 h 30 Durée moyenne
- Rosnay Localité la plus proche du point de départ

Familiers du lieu

- Oiseaux
- Mammifères
- Amphibiens/reptiles
- Poissons
- Insectes

- Comment s'y rendre ?
- Point de départ
- Durée et dénivelé
- Meilleure période d'observation
- Informations complémentaires

Balades
dans le Marais poitevin

La réserve naturelle de la **baie de l'Aiguillon**

Située sur le littoral atlantique et d'une surface de 5000 ha, la baie de l'Aiguillon s'étale sur les deux départements de la Vendée et de la Charente-Maritime.

Avocettes élégantes

Slikke et mizottes

Le milieu littoral est constitué par la slikke (vases nues) et les mizottes (prés salés).
Les mizottes recouvertes régulièrement par les marées sont constituées par une végétation halophile caractérisée par la spartine, la salicorne, la puccinellie maritime, l'obione.

Oiseaux de la baie

Située sur l'axe migratoire atlantique, la baie de l'Aiguillon est fréquentée par de nombreuses espèces d'oiseaux d'eau. Elle constitue un site de valeur internationale pour l'hivernage ou la migration de certaines espèces telles que la barge à queue noire, l'avocette élégante, le bécasseau variable, le bécasseau maubèche, le tadorne de Belon et le canard pilet.
La baie de l'Aiguillon constitue également un site de nidification pour certaines espèces. La gorgebleue à miroir et le bruant des roseaux nichent sur les digues et les prés salés. On y trouve également quelques couples de busards cendrés.

Bécasseau variable

Réserve naturelle de la baie de l'Aiguillon
Ferme de la Prée Mizottière
85450 Sainte-Radegonde-des-Noyers
Tél. 02 51 56 82 98

Ligue pour la Protection des Oiseaux Charente-Maritime
Maison des Associations de Bongraine - 99, rue Nicolas-Gargot - 17000 La Rochelle
charente-maritime@lpo.fr - http://charente-maritime.lpo.fr - Tél. 05 46 50 92 21

Canard pilet

1| De la **pointe de l'Aiguillon** à la pointe Saint-Clément

D'un site à l'autre pour admirer tous les oiseaux de la baie…

© IGN Paris 2012

▸ *La pointe de l'Aiguillon*
En hiver, vous y observerez la barge à queue noire, le bécasseau variable, l'huîtrier-pie, le courlis cendré… Et des anatidés dont la bernache cravant. Le printemps et l'automne sont propices aux migrations pré- et postnuptiales : rassemblements de courlis corlieu, de bécasseaux maubèches, de sternes naines, de grands gravelots… En été, la gorgebleue à miroir blanc, le pipit rousseline et le gravelot à collier interrompu nichent à cet endroit.

▸ *La digue à la mer de Saint-Michel-en-l'Herm*
Rendez-vous au lieu-dit « Le transformateur » lors des périodes de migration et d'hivernage. À marée montante, barges à queue noire, pluviers argentés et bécasseaux variables se postent sur le reposoir principal de la baie. Si le coefficient de marée est trop élevé, vous admirerez ces oiseaux en vol. Canards pilet et souchet, sarcelle d'hiver, oies cendrée et rieuse évoluent à proximité ou sur les prés salés. Quelques dizaines de grues cendrées hivernent ici. En été, la gorgebleue et la rousserolle effarvatte nichent sur les digues.

▸ *Le port du Pavé, Charron*
D'ici vous verrez l'estuaire de la Sèvre Niortaise, le fond de la baie, les mizottes et les vasières. Lors de l'hivernage et de la migration, vous y observerez des avocettes élégantes et des barges à queue noire. Ce port constitue une zone d'activité conchylicole ; vous y découvrirez aussi le travail des mytiliculteurs.

▸ *La pointe Saint-Clément, Esnandes*
Cette falaise offre une vue sur l'ensemble de la baie. L'ensemble des oiseaux d'eau sont ici observables, aussi bien les limicoles (avocette élégante, bécasseau variable, grand gravelot, courlis cendré) que des canards (tadorne de belon, canard pilet et souchet, sarcelle d'hiver…)

Carte IGN 1329 ET

Courlis cendré

Huîtrier-pie

Barge à queue noire

2| Esnandes et la pointe Saint-Clément

Le port du Pavé à Charron

Au sud de la baie de l'Aiguillon, du haut des falaises de la pointe Saint-Clément vous dominez marais, vasières et bouchots. De l'autre côté du Pertuis breton apparaissent les côtes de l'île de Ré.

▸ ❶ *Suivez, en direction du nord, la piste cyclable empierrée aménagée sur la digue de mer. Elle longe les cabanes ostréicoles.*

C'est dans les cabanes ostréicoles que les huîtres sont traitées à terre. Vous observerez notamment les bassins destinés au trempage des huîtres. Les parcs, eux, se trouvent en mer. Au pied de la levée de galets, la laisse de mer est constituée d'algues, de plastiques hétéroclites (poches à huîtres vides, élastiques, fragments de collecteurs…). En effet, les tempêtes et les coups de vents ramènent inlassablement à la côte le matériel ostréicole arraché sur les parcs.
De novembre à mars, il est impossible de ne pas être alerté par les cris incessants des bernaches cravants (tête et cou noirs). Vous les verrez parfois en troupes nombreuses. Quant au tadorne de Belon, un grand canard noir et blanc, tel qu'il vous apparaîtra de loin, il est présent presque toute l'année.
Vous cheminez au sommet d'une micro-falaise. Avant d'arriver à « Coup de vague », une haie vous masque la mer. Prêtez attention aux arbustes : ormes, aubépines, érables et prunelliers sont déformés par les vents d'ouest dominants. On dit qu'ils sont anémomorphosés (du grec *anemos* : « vent » et *morphê* : « forme »).

▸ *Après « Coup de vague », suivez la levée de galets et, en arrivant à la pointe Saint-Clément, montez en haut de la falaise : point de vue assuré* ❷ *(table d'orientation) !*

Bernache cravant

Étymologie

Les oiseaux que vous observerez dans la slikke et dans la vasière, essentiellement des échassiers et quelques palmipèdes, sont des limicoles. « Limicole » vient du latin *limus* qui désigne… la vase !

Pavot cornu

Au pied de la levée de galets recherchez la roquette de mer (ou cakilier), l'arroche halime et la bette maritime. Le mois de juin vous offre la floraison spectaculaire d'une rudérale : le pavot cornu.

À marée basse, la vasière est exploitée par des oiseaux échassiers de toutes tailles. Les plus petits d'entre eux, les bécasseaux variables, s'enfuient à votre approche par groupes de quelques dizaines d'individus. L'aigrette garzette, un héron tout blanc, s'avance lentement sur la vase. Son bec et ses pattes sont noirs mais ses pieds jaunes ; avec un peu de chance, vous observerez la huppe que l'oiseau porte derrière la tête. Au début du XXe siècle, les plumes de cet épi étaient très recherchées par les modistes qui en ornaient le chapeau de ces dames. Chassée pour cette parure, l'aigrette a bien failli disparaître.

Les familiers du lieu

Avocette élégante, huîtrier-pie, barge à queue noire, courlis cendré, chevalier, bécasseau maubèche, canards (pilet, siffleur…), sarcelle d'hiver, barge rousse, chevalier gambette, pluvier argenté, grand gravelot, tadorne de Belon, aigrette garzette, héron cendré, bernache cravant, oies cendrées…

Renard…

Crapaud commun, pélodyte ponctué, lézard vert, couleuvre vipérine…

À navicule bleue, huître verte

Parmi les diatomées (algues microscopiques) présentes sur la vase, il faut citer la navicule bleue. Consommée en grande quantité par les huîtres parquées dans une claire (un ancien marais salant), cette plante est responsable de la teinte verte dont se colore la chair de l'animal.

Outils de pêche traditionnels

Avocette élégante

Hydrobies

Plus grand, immobile, le cou parfois rentré dans les épaules, le dos gris, voilà le héron cendré. Ne vous fiez pas à son allure passive, c'est un redoutable prédateur ; il attend son heure pour capturer sa proie.

Au printemps, lors des passages migratoires importants, la vasière représente une halte pour l'avocette élégante, tout comme pour la barge à queue noire.

Les cabanes sur pilotis qui s'avancent dans la mer sont des pontons de pêche. Équipés de carrelets (filets carrés mis au bout d'une perche), ils permettent la pêche à marée haute de crevettes, de mulets, d'anguilles et de petits poissons. Ces installations – elles bénéficient d'une simple autorisation des Affaires maritimes – participent à la création d'un paysage original. Au niveau du « coup de la Vague », vous noterez l'installation d'un « carrelet pédagogique » installé en 2005 par le service environnement de la Communauté d'Agglomération de La Rochelle (05 46 51 14 49). De la pointe Saint-Clément, vous distinguez la slikke et le schorre. Ces deux mots d'origine hollandaise désignent la vasière, pour le premier, et les « herbus », pour le second. Entre les deux, les touffes qui piègent la vase (le bri) sont des spartines. À proximité du parking, les restes d'une ancienne villa gallo-romaine ont été mis au jour à l'occasion de travaux.

▸ *Descendez de la falaise puis dirigez-vous, à marée basse, sur la chaussée qui s'avance dans la mer* ❸*. Attention la vase rend le sol glissant.*

Ne manquez pas d'observer la vase de près, ce n'est nullement un milieu mort. À la surface, les tâches brunâtres correspondent à la présence de milliards d'algues unicellulaires microscopiques, des diatomées. Celles-ci sont broutées par de minuscules escargots, les hydrobies ; leur déplacement laisse une multitude de petites traces à la surface. Les hydrobies sont elles-mêmes consommées par les oiseaux limicoles en même temps qu'ils avalent vers et divers coquillages, dont les scrobiculaires appelés localement lavagnons.

▸ *Poursuivez sur la chaussée vers Esnandes, sur 700 m environ.*

Le schorre, à gauche, est submergé par la mer lors des marées de très fort coefficient. Notez le zonage de la végétation si vous regardez de la mer vers la terre. Les touffes de spartines laissent progressivement la place aux salicornes, puis à l'obione faux pourpier et, enfin, à l'aster maritime, à la lavande de mer et à la glycerie maritime – localement misotte. Ces prés salés hébergent des reptiles comme la couleuvre vipérine ou le lézard des murailles, et des batraciens (pélodyte ponctué, crapaud commun). En hiver, ces espèces trouvent refuge dans la digue du

Lézard des murailles

front de mer. Le schorre constitue une véritable mosaïque, régulièrement fréquentée par le busard des roseaux ou le faucon crécerelle. À droite, la falaise morte date du jurassique supérieur. Les bancs de calcaire marneux qui la constituent servent de substrat à toute la plaine d'Aunis.

▶ *À la pointe Saint-Clément, on atteint la réserve nationale de la baie de l'Aiguillon créée en 1999 et en continuité avec une première réserve créée quelques années auparavant en Vendée. Sites protégés majeurs du Marais poitevin, ces réserves constituent le prolongement écologique naturel du Marais avec lequel les échanges sont permanents, en matière de faune notamment. Sur la route longeant la réserve, on notera l'omniprésence du maceron (Smyrnium olusatrum).* ❹ *Prenez le sentier pour monter sur la digue. Elle est constituée de l'argile calcaire appelée bri. Son origine marine est attestée par les nombreuses coquilles de lavagnons et de coques.*

Côté terre, la ligne électrique alimente une pompe évacuant les eaux de pluie. Cette zone de cultures intensives (maïs) constitue un casier de drainage. Côté mer, c'est le schorre. Le sentier se termine en cul de sac sur une tonne de chasse. Cet affût, enterré, pour la chasse aux canards est aujourd'hui abandonné, réserve naturelle oblige.
Au pied de la digue, poussent le tamaris (rare), la cardère sauvage (abondant) et la grande cigüe (très abondante).

▶ *Il est maintenant temps de faire demi-tour pour rejoindre le parking de départ.*

Guy Chézeau

Les bouchots

Les pieux en bois sur lesquels sont cultivées les moules doivent leur nom à un Irlandais, Patrick Walton. En 1235, il fit naufrage sur la côte d'Esnandes et s'y fixa. Les piquets qu'il installa alors servaient à tendre des filets pour attraper les oiseaux. Mais les moules se mirent à proliférer sur le bois… Les *bout choat*, en irlandais, devinrent les bouchots que vous verrez le long du littoral.

PRATIQUE

Pour vous rendre à La Pelle à partir de La Rochelle, prenez la D 105 en direction d'Esnandes, puis la D 106 E (à gauche avant Esnandes) qui conduit à Marsilly. À l'extrémité de cette route, 30 m au-delà d'un blockhaus, garez-vous sur le parking aménagé par le Conseil Général.

Départ de la balade à La Pelle, au parking.

Comptez 2 h 30 pour 10 km de marche. Vous pouvez faire demi-tour à chaque instant. Le sentier a été aménagé par le Conseil Général, au plus près de l'eau. Comptez 35 minutes (sans les arrêts pour observations) de La Pelle à la pointe Saint-Clément ; 40 minutes de la pointe à l'extrémité de la digue. Attention, à la mauvaise saison, la pluie ou les tempêtes peuvent rendre le sentier boueux par endroits. Chaussez-vous en conséquence.

Les meilleures observations se font de novembre à avril. Les effectifs d'oiseaux sont les plus nombreux en janvier : plus de 40 000 limicoles, en moyenne, toutes espèces confondues.

À voir : réserve naturelle : ferme de la Prée Mizotière - Sainte-Radegonde-des-Noyers (tél. 02 51 56 82 98), musée de la Mytiliculture à Esnandes (tél. 05 46 01 34 64), églises fortifiées d'Esnandes et de Marsilly. Le Port du Pavé (D 105 vers Charron) offre une vue remarquable sur l'estuaire de la Sèvre : va-et-vient des bateaux à fond plat des boucholeurs, débarquement des moules…

5 km | 1 h 30 | Marans

3 | Le canal de **Marans** à La Rochelle

Vue sur le canal

Les marais d'Aunis, à l'ouest du Marais poitevin, sont traversés par un canal reliant le port de Marans au Vieux Port de La Rochelle (aménagé au XIXe siècle). Petit aller-retour « nature » au milieu des libellules et des boutons d'or...

▶ ❶ *Jetez un coup d'œil sur le canal maritime de la Sèvre niortaise et sur l'écluse des Enfrenaux puis empruntez le chemin goudronné (sur 200 m), en laissant l'écluse à votre gauche.*

L'aménagement du canal de Marans fut réclamé sous l'Ancien Régime, avant 1789, afin de relier le port de Marans où arrivaient les céréales du Poitou à celui de La Rochelle. Jusqu'en 1844 ce furent des forçats espagnols, napolitains et des prisonniers français que l'on employa pour sa construction. L'ouvrage ne fut terminé qu'en 1883. Le tirant d'eau trop faible ne permettra jamais une réelle utilisation, d'autant plus que la ligne de chemin de fer qui suit le canal sur presque toute sa longueur viendra le concurrencer efficacement. La voie ferrée ne s'écarte du canal que sur le seul trajet de la balade.

Vous cheminez ici entre le canal, bordé d'une végétation rivulaire (des rives), et le marais desséché, souvent cultivé, masqué par une haie et séparé par un fossé.

Le canal est le paradis des pêcheurs « au coup » (qui ne se déplacent pas mais restent assis au bord de l'eau) : anguilles, perches, carpes, brochets constituent l'essentiel des espèces que l'on vient taquiner au printemps souvent en famille. Cygne tuberculé, canard colvert, poule d'eau (qui se repère à son cri bref) sont les autres habitants des lieux. Ces oiseaux sont nicheurs. Vous pourrez donc les observer au printemps, avec les jeunes. Du moins ceux

Anguille

Querelle de clocher

Dans les années 80, un ancien chauffeur du chah d'Iran légua sa fortune à Marans, sa commune d'origine.
Il assorti cet héritage d'une condition : l'argent devait servir à édifier un clocher à l'église qui n'en possédait point. Mais c'était compter sans l'opposition des riverains et les exigences de l'architecte des Bâtiments de France... L'entreprise aboutit à une simple armature en métal laissant passer le jour. À vous de juger !

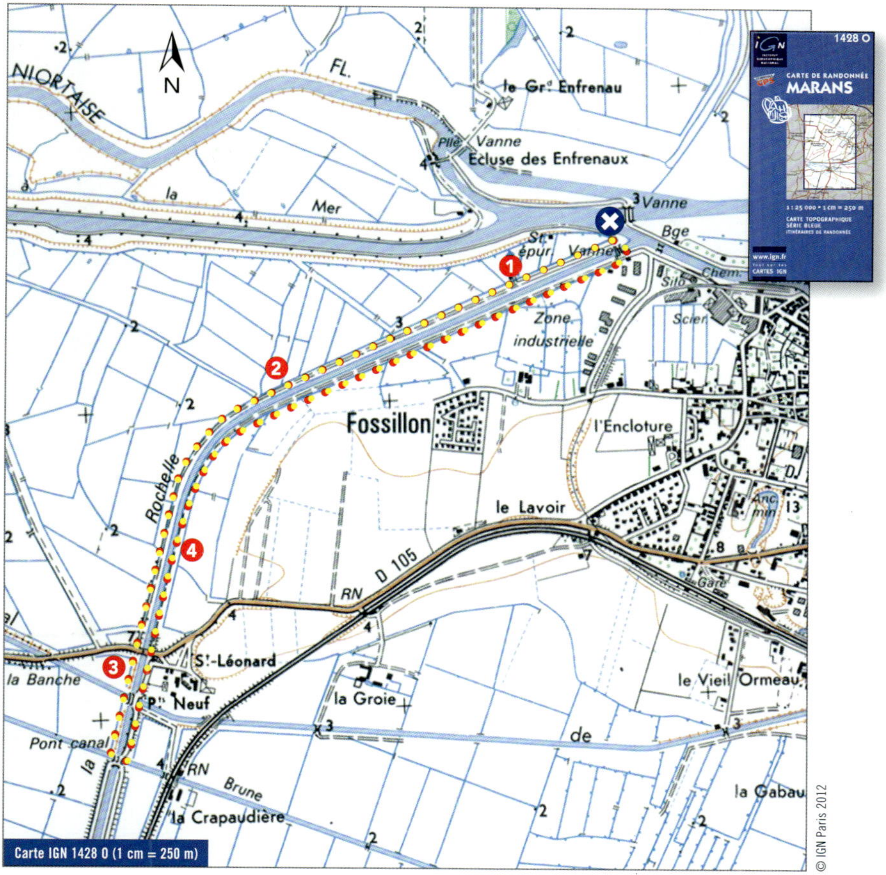

Carte IGN 1428 O (1 cm = 250 m)

que le renard n'aura pas capturé… Un autre prédateur fréquente plus rarement les environs : la loutre d'Europe. Ce mammifère se nourrit essentiellement de poissons.

❷ Sur votre droite, la vue s'ouvre sur le marais desséché. Il est souvent drainé. En hiver, les pompes sont en effet mises en marche après de fortes pluies. Quelques îlots de prairie émergent au milieu d'un « océan » de cultures. Les sols sont ici subsaumâtres : ils se dessalent peu à peu car ils ne reçoivent plus que de l'eau de pluie. Vous pourrez peut-être y remarquer la guimauve, l'une des plantes qui indique la présence de sel. Le busard des roseaux et le faucon crécerelle viennent y chasser. Parfois, au printemps, certaines espèces en migration y trouvent un reposoir : c'est le cas de la barge à queue noire.

Barge à queue noire

Les familiers du lieu

Héron cendré, héron pourpré, poule d'eau, canard colvert, faucon crécerelle, milan noir, martin-pêcheur…

Ragondin…

Couleuvre à collier, couleuvre vipérine, couleur verte et jaune…

Héron pourpré, immature en vol

Sur un arbre perché…

Le héron pourpré est dans le Marais poitevin un visiteur d'été (avril-octobre). Vous le distinguerez de son cousin cendré à sa taille plus petite, à son bec plus long, à sa teinte générale plus foncée tirant souvent sur le brun-roux, notamment chez les immatures. Alors qu'il niche habituellement à terre, dans les roselières, il installe ici son nid dans les arbres des bois très mouillés et longuement inondés des marais de l'ouest.

Aménagements lourds « utiles » ?

C'est une question que l'on peut se poser en Charente. Fort Boyard d'abord, érigé au milieu de l'estuaire de la Charente, se révéla inutile à la date de son achèvement : la portée d'un canon permettait déjà de battre le terrain d'une rive à l'autre. Le canal de Marans à La Rochelle (site inscrit dans sa partie proche de l'agglomération rochelaise) qui s'écoule vers la Sèvre, en direction du nord, et vers le Vieux port de La Rochelle, en direction du sud, draine la nappe superficielle de l'Aunis ainsi que ses… nitrates !

Martin-pêcheur

Les fossés sont le domaine de la rainette méridionale, et de la couleuvre à collier.

Les rives du canal sont bordées par le frêne élevé, le peuplier noir (champignons appelés pleurotes sur les troncs en automne), le tamaris, le prunellier-aubépine et parfois l'orme champêtre. Parmi les oiseaux familiers de cette végétation, vous apercevrez sans doute le merle noir, le rouge-queue noir, le traquet motteux, la mésange charbonnière, le pinson des arbres, ou encore le chardonneret.

Si un éclair d'un bleu-vert métallique jaillit d'un fourré, c'est le martin-pêcheur. Suivez-le du regard, il va se percher au-dessus de l'eau sur la rive opposée et il y a alors fort à parier qu'il vous présente son ventre brun-rouge vif.

Vous aurez peut-être la chance d'observer le héron pourpré, immobile en avant de la roselière, guettant sa proie. Cette espèce de couleur plus sombre et de plus petite taille que le héron cendré est presque plus fréquente que lui sur le canal de Marans.

La végétation aquatique est parfois exubérante. Nénuphar jaune, lentille d'eau et cératophylle (qui ne flotte pas contrairement au deux autres), laissent la place, sur les rives, au roseau phragmite accompagné de l'iris jaune, de la laîche des rivages et du jonc glauque. Ici ou là, vous observerez également l'inule aunée (jaune) la salicaire (pourpre en épi) et la scrofulaire aquatique (fleurs brun-rouge).

Les berges du canal en hiver

La berge sur laquelle vous cheminez est occupée par une flore fortement modelée par l'homme au sein de laquelle les espèces nitrophiles (qui aiment le nitrate) dominent souvent :

Bergeronnette grise

renoncule bouton d'or, orge des rats, dactyle aggloméré, grande bardane… pour en citer quelques unes. Au printemps, vous ne manquerez pas de noter la présence d'orchidées : orchis bouc, ophrys araignée, ophrys abeille. Et, au pied de la haie : l'arum d'Italie. L'ensemble est fréquenté par des libellules (anax empereur) et des demoiselles (agrions). La bergeronnette grise et le rougegorge sont aussi des habitués des lieux.

▸ ❸ *Passez au-dessous de la route qui va de Marans à Charron (D 105) puis franchissez le canal au niveau de la seconde écluse (canal de la Brune) en face de la ferme La Crapaudière. Traversez la route et revenez par la rive opposée.*

Au sol essayez de repérer les galeries et les « coulées » formées par le passage des ragondins. En revenant vers votre point de départ, jetez un coup d'œil sur votre droite, dès les premières trouées dans le haie, pour apercevoir le clocher de Marans.
❹ Au-delà de l'écluse, sur la berge suivie à l'aller, vous rechercherez en automne, si vous êtes amateur, le coprin chevelu. Ce champignon, souvent abondant ici, doit son nom aux petits filaments que montre son chapeau.
Les marcheurs entraînés et disposant de deux voitures (à défaut, envisagez le retour en car) peuvent rallier Marans à La Rochelle. L'ensemble du parcours présente un intérêt paysager et naturaliste de premier plan. Le canal, balisé avec bornes pédagogiques mises en place par la Communauté d'agglomération de La Rochelle, est enjambé par de magnifiques ponts en pierre du XIXe siècle.

Guy Chézeau

Les écluses du Brault

Ne manquez pas cet ensemble de portes à la mer, sur cinq canaux. Échasse blanche, cygne tuberculé, tadorne de Belon, petit gravelot, vanneau huppé… habitent les lieux.
Le site vous offre une jolie vue sur les méandres de la vieille Sèvre niortaise et sur le marais de Landelène. La ferme du même nom est la propriété du Conservatoire Régional des Espaces Naturels.

Pour vous y rendre : prenez la direction Charron et Puyravault (au rond-point) par la D 9 que vous quitterez 300 m plus loin.

PRATIQUE

À partir de La Rochelle, rejoignez Marans par la N 11 puis par la N 137, à gauche. À Marans, prenez la direction de la zone industrielle et garez-vous à l'entrée de la zone portuaire au niveau des vannes : parking ACCA au niveau d'un tilleul et de tables de pique-nique.

La balade commence là où vous vous êtes garé.

Comptez 1 heure 30 pour environ 5 km sans les arrêts. Les marcheurs entraînés et disposant de 2 véhicules peuvent rallier Marans à La Rochelle en suivant le canal sur près de 23 km. Attention n'empruntez pas le tunnel dangereux, long de 800 m, à Dompierre-sur-Mer.

Chaque saison permet une approche différente. Préférez cependant le printemps et le début de l'automne même si les pluies peuvent rendre certains passages plus ou moins boueux.

À voir : Marans (tél. office du tourisme : 05 46 02 12 87). À la belle saison, sur la commune de Périgny, au niveau du pont de Rompsay, possibilité de louer des canoës.

La Réserve naturelle « Michel Brosselin » de **Saint-Denis-du-Payré**

Située sur un passage migratoire important qui longe le littoral, la réserve accueille des oiseaux d'eau, omniprésents en toute saison.

Étendue d'iris bâtard dans la réserve naturelle

Des prairies communales d'une grande valeur biologique

La Réserve naturelle « Michel Brosselin » de Saint-Denis-du-Payré a été créée en 1976 sur les 207 ha du communal de Saint-Denis-du-Payré. On appelle communal une grande parcelle de prairie naturelle destinée au pâturage de bovins et/ou d'équins.

La réserve est remarquable par les richesses floristiques (elle est la plus grosse station mondiale d'iris bâtard) et faunistiques qu'elle abrite. Canards (sarcelle d'hiver, canard pilet), échassiers (échasse blanche et vanneau huppé) et rapaces (busard des roseaux et faucon pèlerin) y passent l'hiver ou viennent s'y reproduire.

Réserve naturelle « Michel Brosselin » de Saint-Denis-du-Payré
Ferme de Choisy
85580 Saint-Michel-en-l'Herm
E-mail : rn.saintdenisdupayre@lpo.fr

Réserves naturelles de France

La vocation des réserves naturelles est de protéger des sites d'intérêt écologique exceptionnel. Ce peut être une fragile tourbière, un site où abondent les fossiles (afin qu'ils ne soient pas pillés), ou encore un milieu où se reproduit une espèce en voie de disparition. L'accueil du public y est organisé chaque fois qu'il est compatible avec l'objectif prioritaire de protection.

Sarcelle d'hiver

Réserve naturelle « Michel Brosselin »
de Saint-Denis-du-Payré

2 à 3 h | Saint-Denis-du-Payré | Visite guidée

4 À la recherche de l'**étoile**

Découvrez la Réserve naturelle nationale « Michel Brosselin » de Saint-Denis-du-Payré.

Canard siffleur

Un chemin d'accès sur pilotis permet d'atteindre un observatoire ornithologique. Celui-ci, accessible aux personnes à mobilité réduite, est équipé de 18 longues-vues.
L'animateur qui vous accompagne vous dévoilera tous les secrets de ce site incontournable et vous présentera des espèces remarquables en fonction des saisons. L'étoile d'eau, discrète (aux fruits en étoile comme son nom l'indique), est l'une d'elles.

L'étoile d'eau

La loutre d'Europe, très rare aussi, fréquente parfois le secteur. Parmi les oiseaux, vous verrez, en hiver, le canard siffleur. La guifette noire est également l'une des célébrités des lieux, au printemps, comme les jeunes oies cendrées, nées sur Saint-Denis-du-Payré. En été, les spatules blanches vous émerveilleront par leur technique de pêche.

LPO

La loutre est parfois de passage dans la réserve

PRATIQUE

La Réserve naturelle de Saint-Denis-du-Payré est accessible par la D 746 à partir de Luçon. À Triaize, prenez la D 25 en direction du bourg de Saint-Denis-du-Payré.

La visite dure entre 1 et 2 heures. La Réserve naturelle est ouverte pendant toutes les vacances scolaires de toutes les zones académiques et tous les dimanches après-midi de décembre à août.

6 km | 2 h 30 | Saint-Denis-du-Payré | Balisage jaune et blanc

5| Les bois de **Saint-Denis-du-Payré**

Sur le sentier du bois Gilaud

La balade commence sur l'ancienne presqu'île de Saint-Denis-du-Payré, promontoire qui vous offrira une vue panoramique sur les marais alentours. Puis vous partirez à travers bois, sur les terrasses fluviatiles créées par le Lay il y a plusieurs millions d'années.

▶ ❶ *Face à l'église, suivez la route vers Triaize puis prenez la première à gauche et tout de suite à droite.*

Le village tient son nom de saint Denis qui, après avoir été décapité, revint de la ferme de Malvoisine au village avec sa tête sous le bras. Vous pourrez découvrir une représentation du saint au-dessus du porche de l'église. Sa tête, elle, se trouve sur la façade opposée !

▶ *Vous atteignez bientôt une table d'orientation rudimentaire* ❷.

Vous dominez les marais jusqu'à l'océan. Il y a encore 2 000 ans l'eau de la mer recouvrait tous ces terrains, aménagés depuis, au fil des siècles, pour l'élevage et la culture.
La réserve naturelle ❸ de Saint-Denis-du-Payré, en direction du clocher de Saint-Michel-en-l'Herm, est repérable à ses étendues d'eau.
En reprenant votre trajet vers les bois, vous pourrez rencontrer en été quelques busards cendrés virevoltant au-dessus d'une maison ❹. Cette bâtisse est un centre de soins qui récupère les jeunes busards menacés avant leur envol par le passage des moissonneuses-batteuses.

Le busard cendré installe souvent son nid au beau milieu d'un champ de céréales

▶ ❺ *À la sortie du village, prenez un chemin qui descend en direction du marais.*

Au bord du chemin les orchis bouc côtoient les orchis pyramidal. Les cardamines des prés se mêlent aux compagnons blancs. Ces coteaux ensoleillés et secs accueillent la vipère aspic. Il n'est

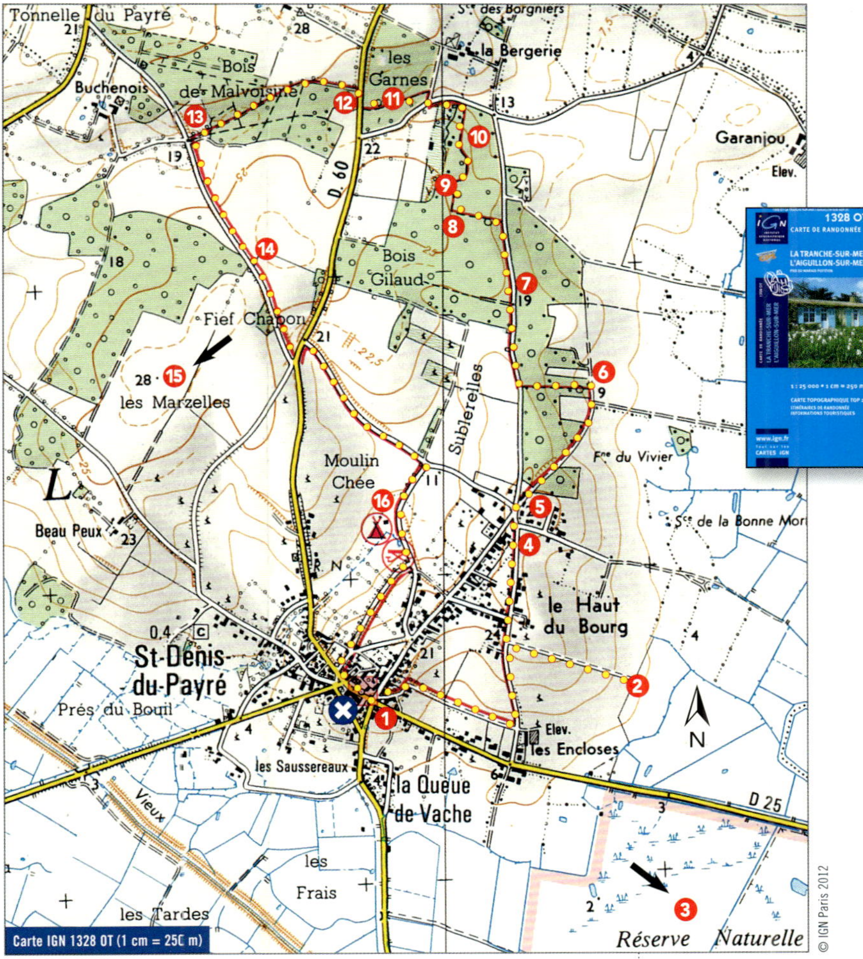

pas rare d'en entendre une se faufiler dans les fourrés. Les quelques prairies présentes en lisière sont parcourues par les chevreuils qui aiment y pâturer en toute quiétude.

▶ **6** *La végétation forme une voûte ; continuez sur le sentier qui monte à travers bois.*

La fraîcheur des lieux est très appréciée au printemps par les grenouilles agiles. Les bois résonnent de multiples chants d'oiseaux ponctués par le cri d'alarme du geai des chênes. Troglodyte mignon, rougegorge, mésange charbonnière et merle noir réagissent au moindre de vos mouvements.

Les familiers du lieu

Faucon crécerelle, milan noir, buse variable, passereaux des lisières, geai des chênes, héron cendré, merle noir…

Chevreuil, blaireau, renard, lapin de garenne, lièvre, fouine…

Vipère aspic, lézard des murailles…

▸ *Prenez à droite puis, après avoir emprunté la route goudronnée sur 400 m, à gauche dans le bois Gilaud.*

Les fossés sont parsemés de touffes de joncs et de grémil pourpre-violet ❼. Le « coucou » ou primevère officinale vit en compagnie de sa cousine, la primevère élevée.

Blaireau

Sur le sentier étroit qui pénètre dans le bois, soyez particulièrement attentif. À plusieurs reprises, des « coulées » ❽ indiquent la présence de mammifères. Chevreuils et blaireaux viennent s'abreuver dans la mare toute proche, constituant le seul point d'eau disponible dans le bois.
Le trou d'eau ❾, caché derrière une butte de terre embroussaillée (dans un virage), est occupé en période de reproduction, par le triton marbré (voir encadré). Avec des bottes vous pourrez y accéder en vous faufilant à travers les ronces.
La nuit, la chouette hulotte se fait entendre. En été, au crépuscule, l'engoulevent d'Europe profite des quelques coupes à blanc pour parader et se percher en vue de tous.

▸ *Le sentier bifurque à gauche ❿.*

Gare à vous si vous continuez tout droit : vous tomberez nez à dard avec des ruches dont les habitantes sont souvent d'une humeur changeante !

▸ *À la sortie du bois, prenez à gauche puis à droite sur la route goudronnée qui mène à la Bergerie. Entrez, à gauche, dans le bois des Garnes.*

Les renoncules ficaires ensoleillent les sentiers un peu humides. Il n'est pas rare d'y observer les traces du chevreuil qui affectionne ce secteur ⓫.
La bécasse des bois n'hésite pas à quitter le couvert des arbres à la nuit tombée pour rejoindre les prairies des alentours, riches en vers de terre.

▸ *Arrivé sur la D 60, tournez prudemment à droite (la route est fréquentée) puis à gauche sur le chemin plus large des bois de Malvoisine.*

L'ombre d'un grand chêne pédonculé ⓬ vous offre l'occasion de faire une pause. Écoutez les pinsons des arbres, les fauvettes à tête noire et les autres passereaux de lisière. Les bois de Saint-Denis-du-Payré ne sont pas vieux. Ils ont remplacé la vigne – jadis présente sur les coteaux – frappée par le phylloxera.

De nombreux lapins de garenne occupent la prairie à la sortie du chemin, sur la droite ⓭. Les renards connaissent bien ce secteur qui leur sert de garde-manger…

Cigogne blanche

Haut perchées

Les cigognes trouvent dans les zones humides toutes les ressources alimentaires nécessaires à leurs besoins. Appréciant les points culminants, elles n'hésitent pas à faire leur nid sur des pylônes électriques dont elles ignorent les dangers. En prévention du risque d'électrocution et pour favoriser leur installation, 18 plates-formes ont été mises en place sur le Marais Poitevin. Certaines d'entre elles, financées par EDF, ont été construites après le retrait du nid d'un pylône.

Fauvette à tête noire

▸ Vous remontez maintenant le chemin communal.

L'agriculture intensive montre son paysage… C'est la mare de Moque-Sourie ⓮ qui se trouve sur le bord gauche de la route. De nombreuses libellules indiquent la présence d'eau, élément indispensable à leur survie. Agrion mignon, Aeschne vraie chassent au-dessus des renoncules à feuilles d'ophioglosse. Cette espèce de plante rare, plutôt inféodée aux prairies humides du marais semble s'être bien adaptée au lieu.
Au crépuscule, ce sont les faucons hobereau qui, à la poursuite des lucanes cerf-volant, occupent l'espace aérien. Le hibou moyen-duc est également présent sur le secteur.

Lucane cerf-volant

▸ À la prochaine intersection, le sentier vous ramène vers Saint-Denis-du-Payré.

Le hibou des marais hiverne souvent dans les vignes restantes. Une plate-forme à cigognes ⓯, en direction des Marzelles, a permis, en 1977, l'installation du premier couple de Vendée. Un essai avait été fait auparavant sur un pommier qui a cédé sous le poids du nid. Quatre autres plates-formes, occupées chaque année, ont été mises en place sur la commune.
Le bois des Marzelles abrite l'une des plus grosses colonies de hérons du Marais poitevin. Aigrette garzette, héron garde-bœufs, héron cendré et, depuis l'année 2000, héron pourpré élèvent ici leurs jeunes.
En descendant vers le camping vous passez devant la fontaine de la *Fràegnaie* (« frênaie » en patois local) ⓰, creusée, selon la légende, par les Bonnes Demoiselles, les fées protectrices de Saint-Denis-du-Payré... Les frênes et les saules têtards abritent la chouette d'Athéna. La nuit, les effraies des clochers occupent leur temps à chasser les campagnols.

Sébastien Palier

Triton marbré

Triton crêté

Le triton marbré

Cette grosse espèce de triton occupe la plupart des mares présentes sur la commune de Saint-Denis-du-Payré.
En période de reproduction, au printemps, il n'est pas rare de trouver quelques mâles avec leur superbe crête en compagnie de femelles.
Triton marbré et triton crêté s'hybrident naturellement.
Vous observerez peut-être leur rejeton, le « Blasius ».

PRATIQUE

- À partir de Luçon, prenez la D 746 en direction de Triaize. Tournez ensuite à droite sur la D 25 jusqu'à Saint-Denis-du-Payré. Garez-vous sur le parking en face de l'église.
- La balade commence là où vous vous êtes garé, en face de l'église de Saint-Denis-du-Payré.
- Comptez 2 h 30 pour les 6 km à parcourir (très peu de dénivelé). Balisage blanc et jaune.
- Même si le printemps reste la période idéale (fleurs, oiseaux), le sentier est praticable toute l'année.
- Réserve Naturelle Nationale Michel Brosselin à Saint-Denis-du-Payré. La visite dure entre 1 et 2 heures. La Réserve Naturelle est ouverte pendant toutes les vacances scolaires de toutes les zones académiques et tous les dimanches après-midi de décembre à août.

La réserve de **Nalliers-Mouzeuil-** Saint-Martin

Découvrez le marais tel qu'il était il y a 40 ans : canaux creusés par les huttiers, mottes (parcelles cultivées) et terrées (parcelles basses plantées de frênes têtards...).

La rosalie des Alpes, un superbe coléoptère bleu tacheté de noir

Réserve biologique

Située au nord du Marais poitevin, cette réserve biologique départementale appartient au marais mouillé. Elle couvre 132 ha de prairies communales et de bois inondables.
Vous pourrez y partir à la recherche de la loutre ou de la rosalie des Alpes, un superbe insecte noir et bleu. Parmi les oiseaux que vous rencontrerez, vous aurez sûrement la chance de voir s'envoler un héron cendré. La flore de ce milieu vous émerveillera tout autant : euphorbe des marais, orchidées... La maison de la Réserve permet d'apprécier toute la richesse du site.

Pour connaître les horaires d'ouverture, veuillez prendre contact avec la réserve.

Maison de la Réserve - Les Huttes - 85370 Nalliers
Tél. 02 51 30 96 22

L'accueil dans la réserve de Nalliers-Mouzeuil

Héron cendré

13 km | 3 h 30 | Mouzeuil-Saint-Martin | Balisage jaune

6 Autour de la **Corde**

La Corde est une petite rivière qui serpente dans la vallée, traverse Mouzeuil et Saint-Martin puis rejoint le marais. De charmants jardins clos et des murets de pierres sèches bordent son cours.

Une terrée dans la réserve de Nalliers-Mouzeuil

▶ *Franchissez le pont romain à droite du lavoir.*

Autrefois, les femmes lavaient le linge dans la Corde. Maintenant la rivière est souvent à sec dès le début des beaux jours.

▶ *Le chemin retrouve la route et remonte ; prenez à gauche.*

Admirez le corps de bâtiment de la Richardière.

▶ *Après la voie ferrée : à gauche. Au Cor de la Noue, prenez à droite le sentier passant près de la Corde et menant aux Gargouilles. Prenez deux fois à gauche. Puis prenez encore à gauche et franchissez un pont.*

Un ancien pas se trouve à droite du pont. Jadis, les charrettes passaient sur ce gué de pierres traversant le fossé et les piétons sur une passerelle à piliers.

▶ *Continuez en prenant sur la gauche.*

Vous longez l'ancien communal de Mouzeuil (droite) et les bois mouillés de la réserve (gauche).

▶ *Tournez à droite et immédiatement à gauche ; de nouveau à gauche au carrefour. Vous rejoignez la route du Langon et le hameau du Linaud. Suivez le balisage et la route vers le Cor de la Noue. Après la voie ferrée, dirigez-vous vers Griffier. Quittez la route ; prenez à droite jusqu'à Gabret.*

Les maisons et les murets sont typiques de la région.

PRATIQUE

De Mouzeuil, prenez la D 68 en direction du Langon (face à la boulangerie) puis tournez à droite en suivant le panneau « salle des Fêtes ». Faites 300 m et garez-vous sur le terre-plein, en vue du lavoir.

Départ de la balade au pont romain à droite du lavoir.

Comptez 3 h 30 de marche pour 13 km de balade, en prenant votre temps. Aucune difficulté.

En hiver, des portions de l'itinéraire peuvent être inondées. C'est au printemps que le marais est le plus agréable mais n'hésitez pas à venir le découvrir en toute saison.

7 | L'ancienne île de Chaillé

Vue sur Chaillé-les-Marais

L'ancienne île de Chaillé surplombe le marais et semble surveiller du haut de ses falaises les vastes étendues plates qui l'entourent.

▶ *Place de l'église, prenez la rue R.-Rideau puis, à droite, la rue du 11-Novembre. Passez l'ancien abreuvoir et empruntez le chemin, 20 m plus loin sur votre gauche (balisage rouge). Suivez ensuite le mur du cimetière sur votre droite pour atteindre le parking et la table d'orientation* ❶.

Il y a 10000 ans, Chaillé était l'une des nombreuses îles du golfe des Pictons. La mer léchait le pied de la falaise. Face à vous, des centaines d'hectares de marais vous laissent entrevoir l'horizon, où seul l'œil du busard des roseaux pourrait y apercevoir la baie de l'Aiguillon. Huit siècles de travaux ont permis de protéger ces terres des assauts de la mer.

▶ *Reprenez votre chemin sur la gauche en passant devant une maison typique du marais. Sur la D 25, prenez à droite. De l'autre coté de la route, à environ 50 m, vous trouverez la route du Booth Nau. Avancez jusqu'à la héronnière du Pain béni* ❷.

Vous voici silencieusement installé dans l'observatoire. Vous avez déjà dû entendre les chants inquiétants des 600 couples de hérons qui y nichent. Cette héronnière, la plus importante du Marais Poitevin, accueille le héron cendré, le héron pourpré, l'aigrette garzette, le héron gardebœufs et le héron bihoreau. Tous se donnent rendez-vous dans ce peuplement de frênes communs et de chênes pédonculés. Le site bénéficie d'un arrêté préfectoral de Protection de Biotope.

Aigrette garzette

Les terrées du Pain Béni

La héronnière de Chaillé est installée sur des terrées. Il s'agit de petites parcelles boisées et ceinturées par des fossés. Frênes et chênes, plantés jadis pour le bois de chauffage, sont entretenus par les propriétaires qui respectent un plan de coupe. Ce plan est établi par un comité de gestion assurant le suivi scientifique du site.

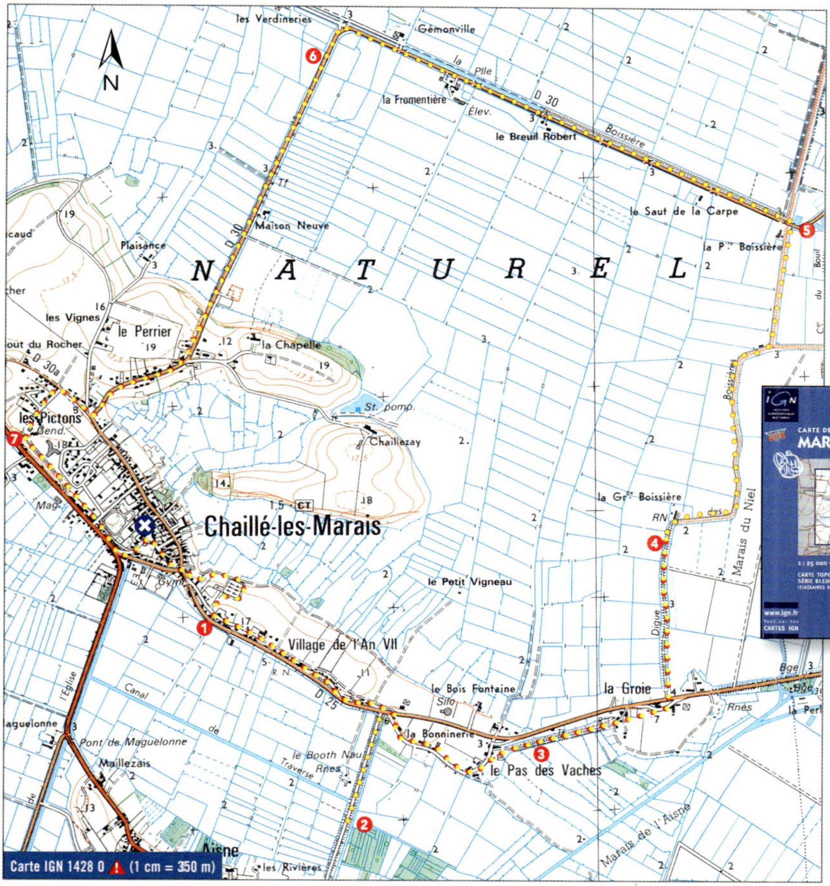

▶ *Revenez sur vos pas et rejoignez la D 25 pour prendre, à quelques pas sur votre droite, la route de la Bonninerie. Suivez-la puis prenez le chemin à droite en face du garage.*

❸ Vous empruntez alors une levée ombragée par les frênes et quelques aubépines monogynes.
Dans le canal bordant le chemin, vous pourrez découvrir les grenouilles vertes, les rainettes arboricoles qui, lors de votre passage au printemps, ne se priveront pas de vous faire entendre leurs parades amoureuses.

▶ *La levée débouche sur le village de la Groie. Prenez à gauche pour rejoindre la vieille route puis à droite sur 50 m et encore à gauche, traversez la D 25. Vous arrivez sur la digue des Boissières (balisage jaune et blanc)* ❹.

Les familiers du lieu

Héron cendré, aigrette garzette, poule d'eau, faucon crécerelle, busard des roseaux…

Renard, lapin de garenne, ragondin…

Grenouille verte, grenouille agile, lézard des murailles, couleuvre verte et jaune, couleuvre à collier…

Libellules…

Ragondin

Mais qui ronge les berges ?

Venu d'Amérique du Sud, le ragondin fut importé en Europe pour sa fourrure à la fin du XIXe siècle. Les lâchers, accidentels ou volontaires, de ce rongeur vers 1930, lui ont permis de conquérir la France. S'adaptant à presque tous les milieux humides, le ragondin est très vite devenu indésirable dans les cultures, mais aussi sur les berges qu'il fragilise en creusant des galeries. Sa présence est limitée à l'aide de pièges-cages.

Orchis à fleurs lâches

Vous voici sur une frontière entre le marais desséché et le marais mouillé. À gauche, le marais desséché avec ses terres cultivées et, à droite, le marais mouillé parfois inondé en hiver par les crues et cultivé par endroits. Ce point d'arrêt est idéal pour voir se dessiner sur la gauche, l'entrée de l'ancien port de Chaillé. Sur la levée, bordée par deux fossés, se développe une flore caractéristique du Marais : les phragmites ou roseaux, les carex aux tiges triangulaires, les cardères sauvages ou « cabarets des oiseaux », les grandes bardanes, les consoudes... Dans ces canaux vous verrez également des lentilles, des hydrocharis des grenouilles (feuilles larges et charnues, petites fleurs blanches à trois pétales) Les grenouilles sont, elles, toujours présentes. Quelques libellules rasent la surface de l'eau. C'est le cas du sympetrum à côté strié, au corps rouge et à pattes noires rayées de jaune. Cette espèce se confond facilement avec le sympetrum rouge sang (moins répandu) aux pattes toutes noires. Sans parler du sympetrum méridional (jaune-marron) et des autres lestes et agrions, beaucoup plus fins. Les ailes de ces derniers s'alignent avec leur corps lorsqu'elles sont au repos, contrairement à celles des sympetrum, qui restent perpendiculaires.

Grenouille verte

▶ *Continuez sur la digue en laissant sur votre gauche la Grande Boissière. Arrivé à une intersection, prenez à gauche en direction de la Petite Boissière, afin de rejoindre la D 30 (fin du balisage vert et blanc).*

5 Au carrefour, vous pouvez voir à droite un « trou à bri ». Le bri est le nom donné à l'argile marine du Marais. Une concession de dix ans permet d'exploiter ici ce bri pour la production de tuiles et de briques. Les trous doivent être réhabilités après exploitation. De l'autre coté de la route, une bonde à crémaillère régule les niveaux d'eau entre les fossés parcellaires et les canaux.

▶ *Attention, la balade emprunte ici une départementale sur 2 km. Si vous voulez éviter les voitures, revenez sur vos pas jusqu'au point de départ. Sinon, suivez la D 30 sur votre gauche en marchant sur le côté gauche, c'est plus prudent. Au croisement suivant* **6***, prenez à gauche en direction de Chaillé.*

Les bovins qui pâturent sur les prairies humides sont souvent accompagnés de hérons gardebœufs. On les reconnaît facilement à leur plumage orangé sur la tête et la nuque et à leur bec jaune. Les aigrettes

Héron gardebœufs

garzettes, blanches avec un bec noir, portent de longues plumes derrière la tête.

▶ *Sur la route du retour, laissez à gauche la route de la Chapelle (à gauche : l'ancien port de Chaillé). Continuez tout droit jusqu'à la rue des Venelles puis remontez à droite pour prendre la direction de la gendarmerie (sur votre gauche). Au bout de la rue, vous arriverez à l'entrée des coteaux calcaires de Chaillé ❼, site classé en arrêté préfectoral de Protection de Biotope.*

En respectant les consignes énoncées par les panneaux d'information, vous allez découvrir la flore caractéristique du milieu. Commençons par les orchidées, visibles au printemps, avec l'orchis pyramidal, l'orchis à fleurs lâches, mais aussi l'ophrys abeille et l'ophrys araignée qui imitent la morphologie des insectes pour être pollinisées. Le milieu, abrité des vents par la falaise et exposé au soleil, permet l'installation d'espèces méditerranéennes tel que le nerprun alaterne (rare dans la région). Ce petit arbre à feuillage persistant (fruits sphériques, peu charnus, d'abord noirs puis rouges) pousse ici en limite nord de son aire de répartition. Lapins et lièvres sont fréquents sur le site… Cherchez les crottes !

Lapin

▶ *Pour revenir à l'église, suivez le chemin des coteaux et prenez la deuxième sortie qui grimpe à gauche. Continuez tout droit le long de la falaise, traversez la rue et continuez jusqu'à la côte de l'église.*

L'A.C.E.D.E.M.

Creusés dans la roche, les puits des îles permettent de récupérer les eaux des nappes superficielles qui coulent le long des pentes calcaires. Il n'y a pas de puits dans le bri du marais.

Libellules

PRATIQUE

▶ À partir de Marans suivez la N 137 jusqu'à Chaillé-les-Marais. Montez jusqu'à l'église. Un parking ombragé vous y attend.

✖ Départ au parking en passant à droite de l'église et prenez la rue R.-Rideau, jusqu'à la rue du 11-novembre.

⏱ Parcours de 13 km ; comptez environ 4 heures.

La meilleure période pour contempler la flore et la faune du site se situe entre le début du printemps et la fin de l'été.

ℹ Pour faire le point sur tout ce que vous avez vu, la Maison du Petit Poitou vous ouvre ses portes : écomusée retraçant l'histoire du Marais poitevin, faune et flore… En sortant de Chaillé, prenez la direction de Moreilles (N 137) et suivez les panneaux « Maison du Petit Poitou ». Tél. 02 51 56 77 30.

Entre Marais desséché et Marais mouillé

7,5 km | 2 h 30 | Beugné-l'Abbé | Balisage jaune

8| Le sentier des **Charrières**

Les prairies sont entourées de petits fossés

Des prairies bocagères du Marais mouillé aux paysages ouverts du marais desséché, la nature est partout. La faune et la flore de ces milieux, aménagés par l'homme depuis le XIIe siècle, font du Marais poitevin, l'une des zones humides les plus riches de la façade atlantique.

▶ *Prenez le chemin balisé qui longe les terrains de football.*

Le Marais poitevin est bordé, sur les trois départements qu'il couvre en partie (Vendée, Charente-Maritime et Deux-Sèvres), par des plaines calcaires où les cultures intensives (maïs, tournesol, blé) ont supplanté les dernières prairies à moutons ou à bovins.
Le chemin marque la limite avec le marais dit « mouillé ». ❶
Les prairies bocagères sont entourées de petits fossés bordés de frênes ou de saules têtards où la chouette d'Athéna aime s'installer. Les pousses de ces arbres sont coupées tous les 6-7 ans pour en faire du bois de chauffage. C'est ainsi que leur « tête » est régulièrement entretenue.
Le marais mouillé est une zone d'épandage des crues en hiver. Quand la mer est haute, le niveau de l'océan est plus élevé que celui du Marais, en raison de la platitude de la région. L'eau douce qui provient des bassins versants ne peut s'écouler. Elle est donc stockée ici en attendant le reflux de la mer.
Les fossés qui entourent chaque parcelle servent à drainer l'eau vers la côte. Ils sont souvent bordés d'iris faux-acore. Parfois, des joncs des tonneliers enrichissent cette végétation aquatique passionnante où les animaux aiment à séjourner. Dans les phragmites ou les haies denses ❷, à l'abri des regards, vit la bouscarle de Cetti. C'est le chant puissant de ce petit oiseau qui trahit sa présence.

La chouette chevêche est le symbole de la déesse grecque Athéna

Bouscarle de Cetti

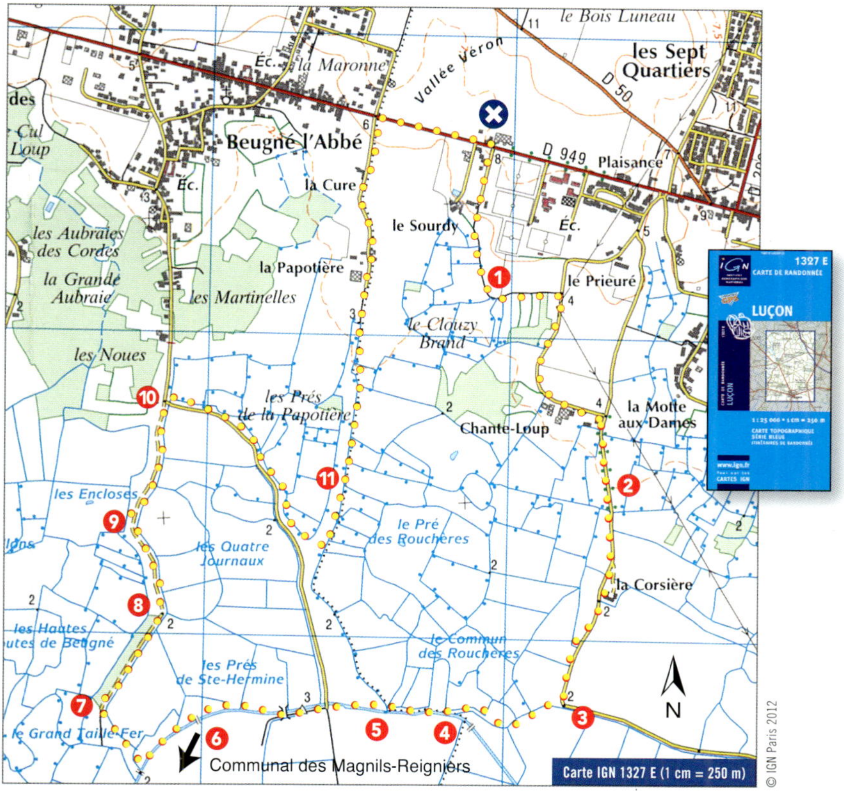

▸ *Quittez la route goudronnée pour emprunter un chemin de terre (à droite). En hiver, prévoyez des bottes, la terre est d'amitié : elle colle aux pieds !* ❸

Les racines des frênes communs, souvent plantés le long des fossés, consolident les berges.

À sec, les fossés ne suffisent plus pour empêcher le bétail de passer d'une parcelle à l'autre. Il faut avoir recours au barbelé. Les assèchements sont provoqués par le prélèvement excessif de l'eau dans les nappes phréatiques présentes sous la plaine. En effet, c'est le trop-plein de ces nappes qui alimente, par les sources, le marais.

Dans les prés ❹, en mai, subsistent là, quelques pieds d'iris bâtard. Cette fleur violette est protégée au niveau régional.

▸ *Vous longez une partie du canal le « Bot Bourdin » qui a été aménagée pour les pêcheurs* ❺.

Brochets, gardons, tanches fréquentent ces cours d'eau. L'anguille est aussi très présente. Elle fait partie du régime alimentaire

Les familiers du lieu

Faucon crécerelle, milan noir, buse variable, pie-grièche écorcheur, bruant jaune, geai des chênes, héron cendré, busard des roseaux, martin-pêcheur, vanneau huppé, coucou gris, pic vert…

Chevreuil, loutre d'Europe, ragondin, campagnol amphibie, et vaches…

Couleuvre à collier, couleuvre verte et jaune, couleuvre vipérine, rainette et grenouille verte…

Circaète Jean-le-Blanc

de la loutre d'Europe qui fréquente très régulièrement ces lieux. Au niveau du pont, regardez les pierres proches de l'eau. La loutre aura peut être laissé une épreinte (une crotte) que vous reconnaîtrez aux nombreuses arêtes qu'elle contient et à son odeur forte de poisson.

Tout en longeant le canal, n'hésitez pas à vous servir de vos jumelles ! Les marais sur votre gauche semblent s'étendre jusqu'à l'infini. Au loin, se trouve une plate-forme à cigogne ❻ (voir balade 5).

Sur ces berges, vous rencontrerez peut-être des serpents… Soyez rassuré, il s'agit principalement de couleuvres (à collier, verte et jaune ou même vipérine). En été, le circaète Jean-le-Blanc, leur prédateur n'est généralement pas loin. Avec un peu de chance vous l'observerez perché sur un pylône ou sur la plus haute branche d'un arbre.

▶ *Après la passerelle, vous vous retrouvez sur une charrière* ❼.

C'est le nom que l'on donne aux chemins qui ont été aménagés sur les digues. Celui sur lequel vous marchez est entretenu par le pâturage. Vous constaterez d'ailleurs le nanisme de quelques arbres qui n'ont pas supporté l'abroutissement des bovins. Une fois fragilisés, il n'est pas rare de voir ces végétaux parasités : de nombreuses gales en témoigneront.

Dans un tournant, une zone plus basse ❽ est recouverte de grenouillette (un petit nénuphar). Vous verrez régulièrement des grenouilles vertes nombreuses dans le secteur.

Dans l'eau, les limnés et les planorbes broutent la végétation. Un petit coup d'épuisette et vous collecterez en plus quelques coléoptères aquatiques : dytique bordé, hydrophile ou gyrin. Souvent, des punaises comme le notonecte et la corise accompagnent cette faune, insoupçonnée à première vue.

Les prunelliers présents de part et d'autre de la charrière servent de reposoir à la pie-grièche écorcheur ❾. Elle empale les proies qu'elle attrape sur les épines des arbustes. Jeunes, adultes passent d'un buisson à l'autre à la recherche d'insectes. Vous n'aurez aucun mal à les observer au cours de l'été.

Sur le bord des fossés, les plantains d'eau poussent avec les rubaniers, sans oublier quelques potamots. Les herbiers de callitriches sont visibles en début de printemps

Grenouille verte

Grandes cultures, pauvre marais !

Les pratiques agricoles de la plaine constituent un problème majeur pour le marais. La quantité d'eau prélevée dans les nappes phréatiques pour l'irrigation du maïs dépasse les ressources disponibles. Chaque été, le marais atteint, en surface, un niveau d'eau plus élevé que celui des nappes. Cette eau s'infiltre alors sous la plaine laissant derrière elle des kilomètres de fossés asséchés. Ce constat alarmant, dénoncé à plusieurs reprises, durera tant que les surfaces de maïs cultivées n'auront pas été réduites. Les limitations de pompage et les forages témoins ne suffisent pas à conserver une quantité d'eau compatible avec les exigences de la biodiversité présente dans le marais.

dans l'eau claire qui provient des sources toutes proches. En été, les fossés asséchés ne sont plus guère fréquentés que par les ragondins qui en profitent pour se nourrir des racines alors plus accessibles.
Sur les prairies ⑩ de petites fleurs violettes dégagent une odeur très forte, celle de la menthe pouliot.

▶ *Vous atteignez bientôt la ferme de la Papotière.*

En bordure de plaine, les prairies bocagères réapparaissent ⑪. Quelques chevreuils habitent les lieux, se réfugiant par moment dans des parcelles beaucoup plus embroussaillées.
Le coucou et le loriot d'Europe aiment se tenir dans les grands arbres durant la belle saison. Essayez d'imiter le sifflement de ce dernier ; en général, il ne tarde guère à venir voir quel est l'intrus. Au bord de l'eau, les poules d'eau profitent de la quiétude des lieux pour passer d'un fossé à l'autre.
De nuit, ce sentier est également riche de sons et d'animations. Vous pourrez y observer des chauves-souris, principalement des pipistrelles. Il n'est pas rare d'en voir de plus grandes mais leur identification reste plus difficile sans capture. Les chouettes hulottes font entendre leur hululement souvent en même temps que les grenouilles vertes, les rainettes vertes et les crapauds communs. Ouvrez donc grand les oreilles !

Coucou

Pipistrelle

Sébastien Palier

Milan noir

Estivants

Circaète Jean-le-blanc, busard des roseaux, milan noir, faucon crécerelle et buse variable sont des estivants réguliers des bordures boisées du Marais poitevin. Si la majorité d'entre eux s'y reproduit, le circaète Jean-le-Blanc est le seul dont la nidication n'est pas confirmée. Chaque été, pourtant, des rassemblements de plusieurs individus ont lieu sur ces secteurs de marais.

PRATIQUE

En sortant de Luçon, prenez la D 949 en direction des Sables-d'Olonne et, avant Beugné-l'Abbé, repérez immédiatement les terrains de football sur la gauche de la route. Arrêtez-vous juste après, sur la droite.

La balade commence en face du concessionnaire Peugeot. Suivez le balisage jaune.

Comptez 2 à 3 heures de marche facile pour une distance à parcourir de 7,5 km avec très peu de dénivelé. Prévoyez des bottes en automne et en hiver.

La meilleure époque pour effectuer la balade se situe entre mai et juillet. Une promenade hivernale vous permettra de découvrir tous les charmes de ces marais inondables.

8 km | 2 h 30 | Taugon

9 | La levée des **Combrands**

Aperçu de la levée

La balade vous invite à une lecture de paysage tout en suivant la levée de terre entre Marais desséché et Marais mouillé. Le retour se fait en bordure de la Sèvre niortaise, charme garanti !

▶ *Prenez à gauche* ❶ *sur la levée au niveau du panneau de conseils aux randonneurs* ❷.

Sur près de 4 km vous allez cheminer sur la levée de terre séparant le marais desséché (ainsi protégé de l'immersion de l'eau), sur votre droite, du marais mouillé inondable, sur votre gauche. De part et d'autre de la levée, à son pied, s'ouvre un fossé appelé bot, côté marais mouillé, et contre-bot, côté marais desséché. Sur la levée, la végétation est fortement anthropisée : les sols sont en effet enrichis en nitrates par les activités humaines. De nombreuses plantes nitrophiles s'y développent. La présence de cabanes – certaines ont été aménagées en résidence secondaire et d'autres sont en ruines – rappelle que la levée était autrefois pâturée et même parfois cultivée.

Taupe

Vous observerez la renoncule bouton d'or, la renoncule bulbeuse, le plantain à larges feuilles ou la grande berce, une ombellifère (une apiacée maintenant) dont les inflorescences attirent, au printemps de nombreuses punaises. Vous reconnaîtrez la grande bardane à ses fleurs et à ses fruits munis de longs crochets amusants qui s'agrippent aux vêtements :

Iris jaune

Que d'eau !

La Sèvre niortaise apporte en hiver les eaux déversées par le bassin versant amont – le trop plein s'étale sur le marais mouillé inondant prairies et bois. L'évacuation de l'eau est difficile en raison de la faiblesse de la pente et de la présence d'une digue de mer protégeant des grandes marées les marais littoraux aval. Marais mouillés et marais desséchés ont un système hydraulique indépendant mais tous deux évacuent leurs eaux par des canaux fermés par une écluse et par une porte à la mer.

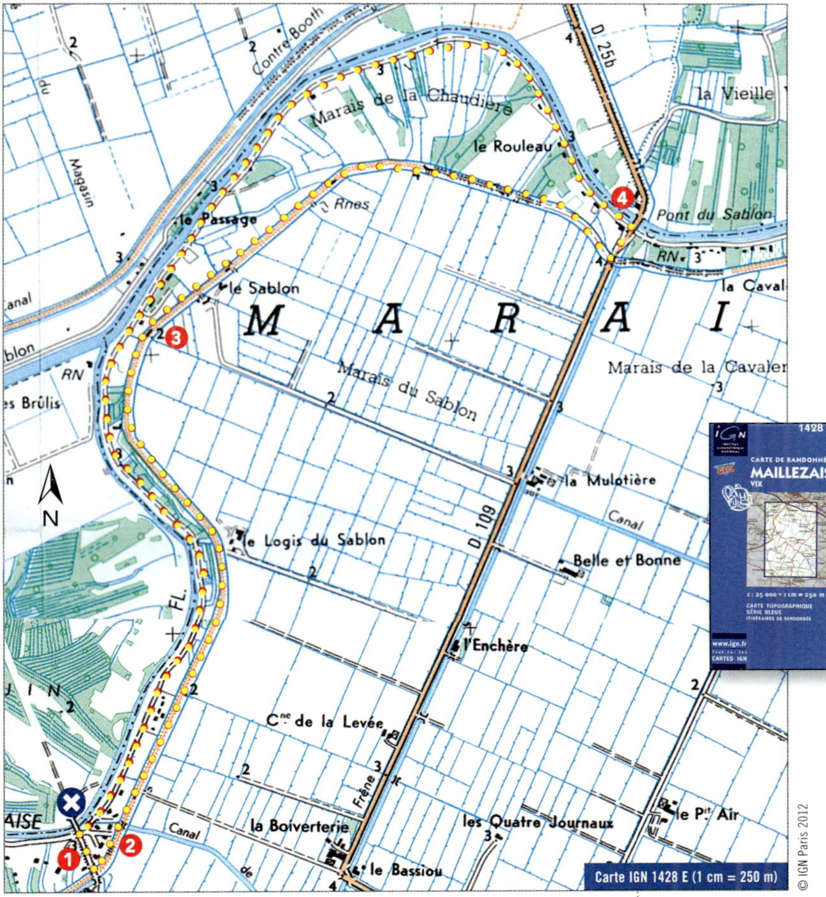

c'est le « velcro » avant l'heure ! Au sol les mottes de terre indiquent la présence de la taupe qui s'est réfugiée sur les terres les plus hautes.

Avec l'arum d'Italie, la garance voyageuse est plutôt à rechercher sous les frênes taillés en têtards qui bordent la levée. Les feuilles de la garance sont munies de minuscules aiguillons permettant à la plante de s'accrocher à tout ce qu'elle touche. Quant aux frênes, leurs troncs souvent creux hébergent volontiers une faune variée allant des insectes aux micromammifères, campagnols notamment. Avec beaucoup de chance, vous observerez peut-être le rare et

Troglodyte mignon

Les familiers du lieu

- Merle noir, faucon crécerelle, poule d'eau…
- Ragondin…
- Grenouille verte…

Ragondin

Les pieds dans l'eau

Dans le marais desséché cultivé, les cabanes se trouvent en arrière de la levée. Certaines de ces habitations sont encore le siège d'exploitations agricoles. Dans le marais mouillé, une multitude de cabanons hétéroclites baignent dans l'eau au moment des inondations hivernales. Les rares maisons traditionnelles, héritières des anciennes huttes, restent hors de l'eau même lorsqu'elles ne sont abordables qu'en plate (barque à fond plat).
Le paysage est boisé et nettement plus bocager.

Symptôme de mondialisation

Les déséquilibres engendrés par l'introduction de nouvelles espèces animales ou végétales sont de plus en plus sensibles. Comme le ragondin, la jussie (plante aquatique) a envahi le Marais poitevin : elle peut couvrir en quelques semaines la surface des conches et des canaux. Il faut aussi noter la présence occasionnelle de la tortue de Floride, relâchée dans la nature par les particuliers, de l'azolla (petite fougère qui colore de rouge la surface des eaux stagnantes), de l'écrevisse américaine à pattes rouges…

magnifique longicorne qu'est la rosalie des Alpes, un insecte bleu et noir. La fougère polypode se développe parfois sur ces troncs. C'est aussi le territoire du merle noir. Les fourrés de ronces et de prunelliers assurent, eux, la protection du troglodyte mignon.

▸ *À mi-parcours, vous découvrirez une cabane en ruines* ❸.

Sans y pénétrer, jetez un coup d'œil à l'intérieur : la couverture en roseaux, ancienne, sert d'isolation au toit.
Au-delà du point ❸, vous pourrez accéder sans risques aux fossés. Sur leurs berges le jonc glauque laisse parfois la place au chanvre d'eau ou à une véronique, le mouron d'eau, à la laîche des rives ou encore à l'iris jaune. Dans l'eau, il vous sera peut-être difficile de repérer, au milieu des lentilles d'eau qui flottent à la surface, la tête émergente des grenouilles vertes.
Les débris de coquilles que vous pourrez voir sur la vase correspondent aux restes d'une moule d'eau douce, également appelée anodonte, qui aura certainement fait les délices d'un carnivore aquatique. Pourquoi pas la loutre d'Europe ?
La coulée, le « chemin » qui traverse la levée de part en part est celui tracé par un ragondin. Notez la présence de ses crottes verdâtres, allongées et parfaitement moulées. Ce gros rongeur originaire d'Amérique du Sud a été introduit en Europe au XIXe siècle. Il s'est considérablement répandu et ne manque pas de poser des problèmes notamment dans le Marais poitevin où il fragilise les berges des canaux. Une poule d'eau, que vous n'avez pas vue, pousse un cri bref et perçant. Votre arrêt l'a mise en alerte et, sans doute, rassemble-t-elle sa couvée.

Poule d'eau

Au printemps et en été, vous rechercherez une grande plante à fleurs blanches roses ou violettes en clochettes. Il s'agit de la consoude officinale dont les grandes feuilles pointues et rugueuses sont parfaitement convertibles. De nombreuses vertus thérapeutiques leurs sont attribuées, la cicatrisation notamment.

En hiver, vous apercevrez certainement, au-dessus des marais desséchés, des vols de vanneaux huppés.

▶ Parvenu à la D 109, prenez à gauche sur 30 m et descendez en bordure de rivière sur la « route de Sèvre » ❹. Longez le cours d'eau doublé au nord par le grand canal de Vix. Vous regagnerez ainsi votre voiture.

La vue ici plus dégagée vous permettra d'observer le faucon crécerelle ou le milan noir (en été). Le martin-pêcheur traverse régulièrement la rivière. Soyez très attentif, c'est une véritable « flèche » !
Enfin vous ne manquerez pas, à la belle saison, de remarquer la jussie aux grandes fleurs jaunes. Cette plante introduite est particulièrement envahissante (voir encadré vert).

Guy Chézeau

La plate est une barque à fond plat servant à se déplacer dans le Marais

Lentilles d'eau : il y a lentilles et lentilles...

La lentille mineure (ou petite lentille d'eau) et la lentille minuscule possèdent des lames aplaties de petite taille dont chacune est munie d'une seule racine sur sa face inférieure. Sur celle de la lentille bossue, un renflement important épaissit fortement la lame. Tout comme la lentille d'eau à plusieurs racines, ces trois espèces sont les plus répandues. Mais il existe aussi la lentille d'eau sans racines et la lentille à trois lobes (lames allongées, réunies en croix).

PRATIQUE

À partir de Courçon, suivez la D 116 jusqu'à La Ronde puis la D 109, à gauche. À partir de Vix, suivez la D 25 b. Dans Taugon prenez la direction Les Combrands. Le parking est situé à l'entrée de la « route des Sauveurs » immédiatement à gauche avant de franchir le pont en ciment qui enjambe la Sèvre Niortaise.

Après avoir garé la voiture, revenez sur vos pas (100 m) et prenez à gauche sur la levée au niveau du panneau de conseils aux randonneurs.

Comptez 2 h 30 pour une balade de 8 km sans dénivelé. Les bottes sont nécessaires par temps pluvieux. Attention en cas d'inondation le retour le long de la Sèvre peut être délicat, voire impossible la route étant alors inondée.

Pas d'espèce « phare » sur la balade, privilégiez la lecture du paysage pour une bonne connaissance du fonctionnement original de la seconde zone humide française.

À voir : en Vendée, l'abbaye de Maillezais, le cloître de l'abbaye de Nieul-sur-l'Autize. Sur l'île Charouin toute proche, un sentier d'interprétation a été aménagé.

Entre Marais desséché et Marais mouillé

11 km | 3 h | Maillezais

10 | Le sentier des **Levées**

À proximité du pont-aqueduc de Maillé

L'une des rares balades qui offre de découvrir en même temps le Marais desséché et le Marais mouillé.

▶ *À partir de l'ancienne abbaye de Maillezais ❶. Suivez la direction de Doix par la D 68.*

Comprenez encore mieux l'unité des deux principaux paysages du Marais Poitevin en observant leurs différences. Ce sentier emprunte sur sa quasi-totalité un chemin appelé la « levée ». En fait, les deux levées du Bois-Dieu et de la Bourse de Chay, véritables bourrelets de terre, forment une interface du bocage verdoyant des marais mouillés inondables et des marais desséchés plus ouverts et non inondables. Laissez-vous hanter par l'ingéniosité et la culture maraîchine qui « transpire » des huttes (maisons situées sur les levées). Soyez prudent sur les portions goudronnées.

▶ *Un chemin part à gauche et à droite entre le 4e et le 5e pont : prenez celui de gauche ❷ et suivez le sentier jusqu'à l'aqueduc de Maillé ❸. Passez sur le pont-aqueduc, tournez à gauche et empruntez la totalité de la levée de la Bourse de Chay pour rejoindre la route goudronnée. Prenez celle-ci à gauche : elle vous mène à la D 15 en remontant légèrement. Prenez à gauche à nouveau pour rejoindre le bourg de Maillezais.*

Damien Marie

Les marais desséchés, très ouverts, sont fréquentés par le faucon crécerelle

Le pont-aqueduc de Maillé

Cet ouvrage permet au canal évacuateur de Vix (canal du Marais desséché) de couper le cours de la jeune Autise (rivière canalisée du Marais mouillé) en passant en dessous. La nécessité de réaliser ce pont est née de la volonté de ne pas mêler ces deux courants d'eaux douces d'origine différente.

Admirez la richesse architecturale des ouvrages hydrauliques du Marais

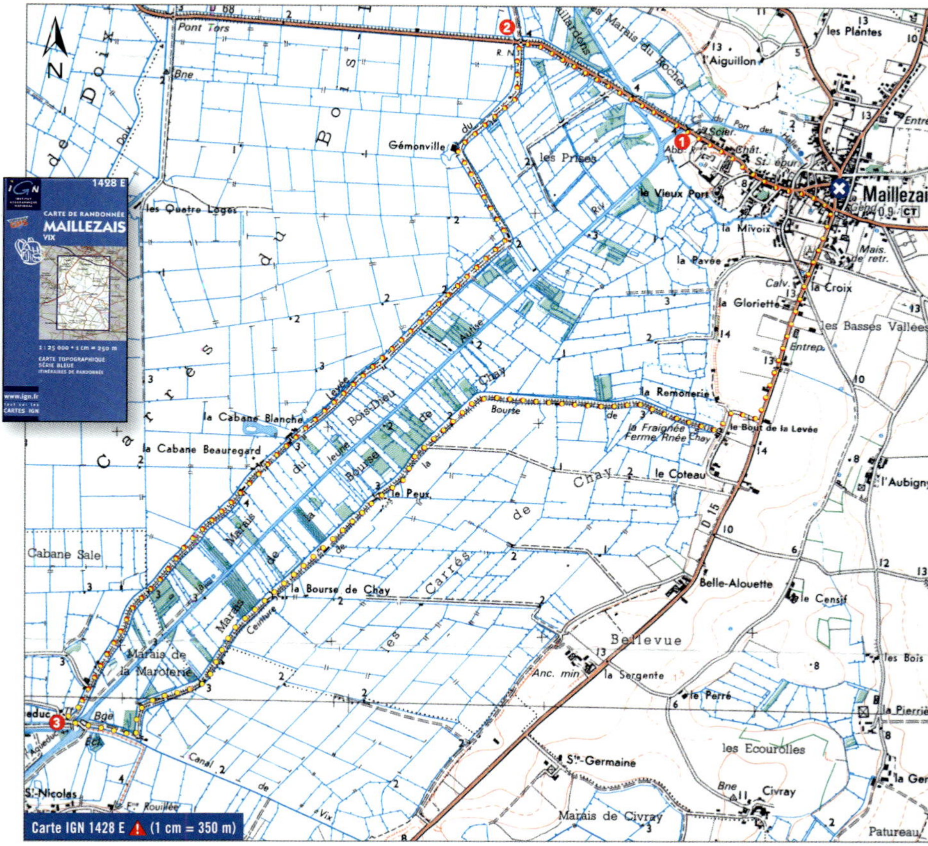

© IGN Paris 2012

PRATIQUE

À partir de Niort, prenez la N 148 vers Fontenay-le-Comte. Tournez à gauche sur la D 15 jusqu'à l'ancienne abbaye de Maillezais.

La balade commence au pied de l'ancienne abbaye, côté nord, dans le bourg de Maillezais.

Le sentier fait environ 11 km, comptez 3 heures de marche. Peu de difficultés mais prévoyez à boire et de quoi vous couvrir la tête sur les portions goudronnées : en été, il y fait chaud.

Les saisons chaudes sont intéressantes, mais l'hiver offre un parcours surprenant, surtout lors des crues. Le sol est gras par endroits, prévoyez de bonnes chaussures.

À voir : l'ancienne abbaye de Maillezais. Tél. office de tourisme : 02 51 87 23 01.

En milieu forestier

6 km | 2 h | Courçon

11 | La forêt de **Benon**

Le tailllis de chênes pubescents en hiver

ATTENTION

Vous cheminez en forêt privée. Seuls les sentiers qui vous sont proposés sont communaux. En conséquence, ne pénétrez pas dans le bois et ne laissez pas de chiens en liberté. Cette randonnée ne peut en aucun cas se pratiquer les jours de chasse (pancartes à l'entrée de la forêt).

À l'époque gallo-romaine, les forêts de la région formaient un massif unique : la sylve d'Argenson. Celle de Benon est aujourd'hui un bois-taillis de chênes pubescents et offre un remarquable point de vue sur la cuvette qui constitue le Marais poitevin.

Avant de démarrer la balade, tournez-vous vers le nord en direction du bourg de Courçon pour admirer la vue qui s'ouvre jusqu'à la plaine de Fontenay-le-Comte. Vous vous situez à 41 m d'altitude et les terres de marais dépassent rarement la hauteur de 4 m.

▶ *Engagez-vous plein sud dans le bois* ❶.

Le massif appartient aux communes riveraines de Courçon, La Laigne et Benon. Sa gestion est surtout à vocation cynégétique (pour la chasse).

À l'entrée de l'allée forestière, le « tas de pierres » qui se trouve devant vous est un tumulus de l'ancienne nécropole de Champ-Châlon. Quatre autres de ces monuments ont été trouvés sur le site et fouillés entre 1980 et 1986. Ils ont permis de récupérer, outre quelques ossements épars, des échantillons de mobilier funéraire (datés du néolithique moyen).

Ne manquez pas non plus de repérer immédiatement la présence de deux érables. Les feuilles de

Buse variable

Pubescent et marcescent

Le chêne pubescent est une espèce thermophile (qui aime la chaleur) que l'on rencontre généralement sur sols calcaires. Ses feuilles petites sont plus ou moins velues sur leur face inférieure d'où le nom de l'espèce.
Le tronc tortueux ne permet pas son utilisation en bois d'œuvre. Il constitue en revanche un bon bois de feu, donnant un excellent charbon. Le chêne pubescent est marcescent : les feuilles mortes restent sur l'arbre en hiver.

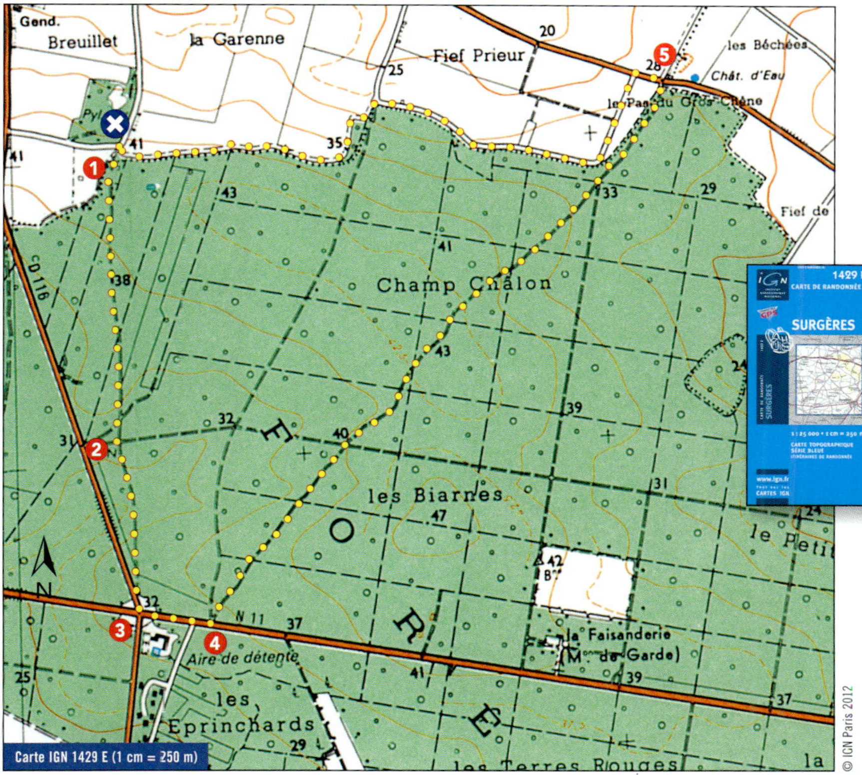

l'un sont à cinq lobes, c'est l'érable champêtre; les feuilles de l'autre à trois lobes, c'est l'érable de Montpellier (ici en limite nord de sa répartition).

Parmi les arbrisseaux, deux sont ici communs. Vous reconnaîtrez le cornouiller sanguin à la teinte rouge sang de son feuillage en automne et le cornouiller mâle à sa floraison jaune d'or (alors que les feuilles de l'arbre ne sont pas encore apparues), dès le mois de février.

Sont aussi présentes des espèces caractéristiques de la chênaie pubescente : la viorne lanterne, le chèvrefeuille des bois et le troène vulgaire. Le fragon petit-houx se développe en sous-bois.

▶ *Suivez l'allée forestière sur environ 900 m.*

Vous traverserez une zone qui a été plantée en pins. La présence de la fougère-

Demi-deuil sur trèfle rouge

Les familiers du lieu

Buse, merle noir, coucou, pic épeiche, faucon crécerelle, pinson des arbres, fauvette à tête noire…

Chevreuil, sanglier…

Papillons…

Démographie

L'établissement des plans de chasse a permis de suivre les populations de chevreuil et d'établir des quotas de prélèvement des animaux. Il s'en est suivi partout en France, depuis 15 à 20 ans, une véritable explosion du nombre de ces grands mammifères avec pour corollaire des conflits entre chasseurs et forestiers. Ces derniers se plaignent des dégâts réalisés sur les plantations. Les jeunes plants doivent être protégés de l'abroutissement.

aigle que vous pouvez remarquer ici indique que le sol est décalcifié.

▶ ❷ *Traversez une allée largement ouverte et poursuivez tout droit sur 500 m jusqu'au grillage qui ferme la N 11.*

L'ourlet, c'est-à-dire la végétation herbacée ou ligneuse basse située à la lisière du massif forestier, constitue l'écosystème le plus riche. Vous pourrez rencontrer des espèces parfois spectaculaires – le mois de juin étant l'époque la plus favorable : géranium sanguin, serratule des teinturiers, mélampyre à crêtes (à la floraison rouge et jaune) catananche bleue, gesse à larges feuilles (de la famille des pois), buplèvre en faux (ombellifère), trèfle rougeâtre…
À la même période, quelques papillons fréquentent le lieu. Vous reconnaîtrez le demi-deuil, mais il sera plus difficile de déterminer avec précision les argus ou les différents zygènes.
La buse variable vous alertera par son miaulement plaintif aigu, bien souvent avant même que vous ne la repériez dans les airs. Ce rapace est nicheur à Benon.
Les passereaux, nombreux, sont plus faciles à observer le matin : merle noir, mésanges, pinson des arbres ou fauvette à tête noire. Au printemps, sans jamais les observer, vous entendrez le martèlement du pic épeiche, qui marque ainsi son territoire, et le chant bien connu du coucou.

▶ ❸ *Parvenu à la nationale, suivez à gauche le sentier goudronné en longeant le grillage sur 250 m.*

▶ ❹ *Le goudron se termine. Deux allées s'enfoncent dans le bois en formant une fourche. Prenez celle de droite, que vous suivrez sur 2000 m jusqu'à son extrémité.*

En hiver, avec un peu de chance, vous ferez s'envoler un oiseau au plumage roux au vol silencieux : la bécasse des bois.
À Benon, la densité de chevreuil est élevée, c'est bien entendu très tôt le matin ou à la tombée de la nuit que vous l'observerez le plus facilement. À défaut, vous pourrez rechercher en lisière ses « moquettes » (les crottes), son pied (l'empreinte des doigts au sol) ou ses « frottis » (blessures infligées aux arbres

Bécasse des bois

Séneçon du Rouergue

Vous ne trouverez le séneçon du Rouergue (de la famille des astéracées) que dans les départements de l'Aveyron et de la Charente-Maritime. Cette espèce est inscrite sur la liste nationale des espèces végétales protégées. Le séneçon fleurit en juin. Sa tige porte 4 à 8 capitules d'un jaune franc. Les fleurs sont en tube avec une seule rangée de bractées (petites feuilles situées tout près de la fleur).

Géranium sanguin

et arbustes par l'animal frottant ses bois pour en débarrasser les « velours », la peau qui les entoure). Il s'agit d'un marquage territorial odorant. Attention, ne confondez pas le pied du chevreuil avec celui du sanglier qui peut être localement abondant.

En mai-juin, ne manquez pas de rechercher plusieurs espèces d'orchidées : ophrys araignée, ophrys abeille et ophrys bécasse, orchis brûlé et orchis verdâtre.... Vous pourrez les rencontrer par ailleurs également, mais plus dispersées. Aucune des orchidées rencontrées à Benon n'est protégée. Ne les cueillez pas pour autant, elles sont parfois rares. Préférez plutôt les photographier.

Mésange bleue

Le hêtre est présent sur ce secteur. Un procédé mnémotechnique vous aidera à le distinguer du charme : « être à poil charme Adam » ! En effet les feuilles du hêtre sont bordées de cils à l'état jeune tandis que celles du charme sont irrégulièrement dentées.

▶ ❺ *Prenez la route à gauche sur 30 m et, immédiatement, engagez-vous de nouveau à gauche, sur un chemin empierré. Suivez la lisière du bois jusqu'à votre voiture sur environ 1 800 m.*

Outre les espèces de l'ourlet forestier citées au début de la balade, notez la présence du fusain d'Europe, de l'euphorbe des bois, de la germandrée scorodoine, de la clématite blanche, de la morelle douce-amère, de l'herbe aux femmes battues, de la garance voyageuse et, ici et là, au printemps, d'orchidées (dont l'orchis bouc).

La vue sur le Marais poitevin est très belle : la vallée du Mignon s'ouvre au premier plan et, au-delà, la plaine de Fontenay-le-Comte et son agglomération.

Guy Chézeau

Le chevreuil en famille

Le rut du chevreuil est estival, de juillet à mi-août. La femelle (chevrette) met bas vers le début du mois de mai de l'année suivante. Pendant la période de gestation, brocard (le mâle), chevrette et chevrillards (jeunes de l'année précédente) vivent en famille. C'est également le moment où, en termes de vénerie, le mâle « refait sa tête » et « touche au bois » : c'est-à-dire que ses bois se reforment. En effet, ces derniers sont tombés en novembre (le brocard « met bas sa tête »). L'animal peut vivre une quinzaine d'années.

Faon, chevrette et brocard

PRATIQUE

▶ À partir de Niort ou de La Rochelle, suivez la N 11 et sortez au Relais de Benon, sur la D 116, en direction de Courçon. 300 m après la sortie du bois, prenez à droite sur 400 mètres. Une grande zone de parking, en bordure de chemin, vous permet de vous garer.

✖ Le point de départ, au parking, se situe presque au pied d'un pylône qui domine la plaine, au sud de Courçon.

Comptez environ 2 heures de marche pour un peu plus de 6 km, sans aucun dénivelé.

Chaque saison a ses charmes, mais les botanistes amateurs préféreront bien entendu les mois de juin et de juillet.

À voir : Surgères, à environ 15 km au sud de Courçon, (église romane Saint-Pierre, et château) ; à l'opposé, en traversant le marais par Courçon et La Ronde, les anciennes abbayes de Maillezais et de Nieul-sur-l'Autize.

Marais mouillé

15 km | 4 h | Le Langon

12 | En longeant le **communal**

Vue sur le communal de Langon

Mi-plaine, mi marais, Le Langon possède, au sud de son territoire, de vastes étendues de prairies naturelles regroupées en communal.

▸ *En sortant du parking ❶ prenez la D 30 sur 100 m. Tournez à gauche, passez devant le « night-club », suivez les Baritaudières. Prenez à gauche après le « night-club », suivez le chemin qui ressort à la Gabauge.*

Inondé chaque hiver par les eaux de pluies et les crues, le communal du Langon se dévoile au printemps. Son tapis vert s'étend à perte de vue et les fleurs qui le jonchent, lui donnent l'éclat d'un tableau impressionniste. Quand les éleveurs amènent leur troupeau, c'est un nouveau cycle qui commence, avec le balai incessant des oiseaux qui viennent s'y reproduire.

▸ *Prenez la direction du communal, passez devant le Breuil ❷ (gîte rural), suivez la direction de Tout-Vent.*

Le communal n'est pas ouvert. Des clôtures séparent différentes parcelles pâturées par des bovins et des équins.

▸ *Traversez le communal jusqu'à la Ceinture des Hollandais ❸, prenez à droite en longeant la Ceinture jusqu'à la route de Chaillé. Tournez à droite avant le pont du Bouil.*

Les hérons sont omniprésents dans les prairies en bordure des canaux. Mais vous pourrez aussi apercevoir des vanneaux huppés, des canards colverts ou des barges à queue noire.

Canard colvert

▸ *Traversez l'Acheneau ❹ et allez jusqu'aux Arpents.*

Le Petit marais s'étend à gauche jusqu'à la Ceinture.

▸ *Longez le Grand canal sur 1 km puis prenez à droite devant le petit canal après les bois ❺.*

Les berges du canal accueillent une flore caractéristique du Marais : roseaux, iris…

Les communaux

Les terres de marais furent utilisées comme terres de pacage dès le haut Moyen Âge. Au moment de la Révolution, elles devinrent propriété communale. Dans les années 1970, avec le développement de l'agriculture intensive, ces vastes prairies naturelles furent, pour la plupart, parcellées et louées aux agriculteurs pour la culture ou le pâturage. C'est depuis la réforme de la PAC (Politique Agricole Commune), en 1992, que certains communaux sont de nouveau utilisés comme pacage collectif.

▶ *Revenez vers le bourg en traversant le Petit marais 6.*

Vous longez un bois humide. Les frênes têtards ont été plantées sur des terrées, des parcelles ceinturées par des fossés.

▶ *Après la Grange l'Abbé revenez par les Rivières jusqu'à la rue de la Halle 7. Prenez à droite la rue de la Halle, puis à droite la rue de l'Industrie jusqu'au port. Le parking est tout près.*

l'A.C.E.D.E.M.

Vanneau huppé

PRATIQUE

▶ À partir de Marans, prenez la N 137 vers Chaillé-les-Marais et juste après avoir dépassé ce bourg, suivez la D 30 (à droite) jusqu'au Langon. Vous trouverez un parking après le port.

✖ Départ de la balade au parking.

Comptez 4 h pour 15 km

Le printemps reste la meilleure saison pour voir fleurs et animaux.

9 km | 3 h | Bouillé-Courdault | Balisage jaune et rouge

13 | Au cœur de la **Vieille Autise**

Le batai est une barque à fond plat typique du Marais poitevin

Entre le canal de la Vieille Autise et la rigole d'Aziré, vous découvrirez le marais des Nattes, subtil modelage de la nature et des hommes.

▸ *Prenez le halage de la vieille église (rive gauche) à partir du port de Courdault jusqu'à la fin de la route goudronnée. Tournez à gauche sur le chemin en direction d'Aziré.*

Avant de partir en balade, prenez le temps d'apprécier le site. ❶ Le port de Courdault a été pendant longtemps un important poumon économique pour les habitants des alentours. De nombreuses marchandises agricoles et artisanales y transitaient : bois, volailles, mojettes (haricots blancs du Marais) et bien d'autres légumes.

Caloptéryx

▸ *Suivez le chemin jusqu'à ce qu'il soit coupé par une voie d'eau que vous traversez avec le bateau à chaîne (aventure garantie !). Vous pouvez maintenant continuer…*

Vous voilà immédiatement plongé dans un paysage original offrant une succession de prairies pâturées, d'alignements de frênes têtards et de petits fossés ❷.
Le chemin que vous empruntez permet de pénétrer dans l'intimité de ce marais calme et bien vivant. Gommez un instant cette voie terrestre de votre esprit… puis prospectez l'espace à la recherche de l'ancien parcellaire :
les fossés se lisent alors par de sensibles dépressions dans le sol où se développent des joncs des chaisiers ou des iris jaunes.
N'oubliez pas qu'à l'origine c'est le caractère inondable de cette zone qui amena les maraîchins à l'aménager ainsi.

Alignement de frênes têtards dans une prairie inondable

Grenouille verte

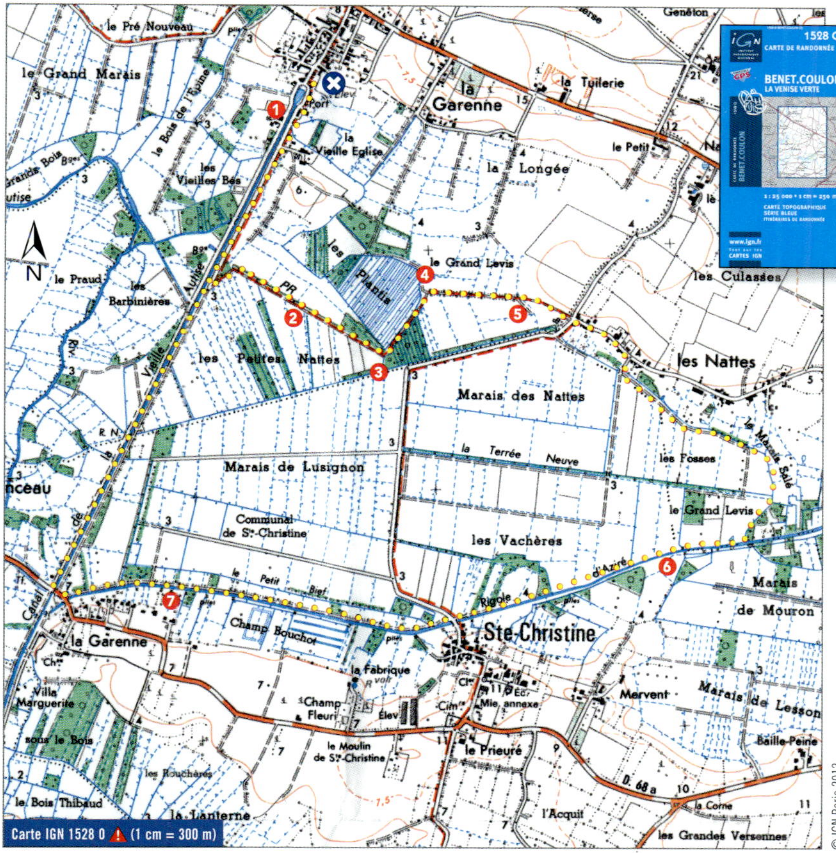

▸ *Poursuivez votre chemin.*

Savourez l'instant… Autour de vous, quelques amas de lentilles accrochés aux cératophylles – les algues qui poussent au fond de l'eau – camouflent probablement des grenouilles vertes et des libellules aux ailes violacées (caloptéryx éclatant mâle) ❸.
Les petites voies d'eau claire, peu profondes, profitent à l'hottonie des marais, un joyau végétal à préserver de la cueillette…
Le secret du maintien de la qualité de ce paradis réside essentiellement dans l'eau : un apport régulier et une bonne circulation sont indispensables à l'assainissement naturel du site.
Déjà, des variantes d'aménagement se dessinent autour de vous, de nouvelles traces d'exploitation apparaissent ❹ : des terrées (voir encadré p. 55), des plantations de peupliers (peupleraies)

Les familiers du lieu

Corneille noire, buse variable, faucon crécelle, pinson des arbres, mésange charbonnière, pic vert, héron cendré, martin-pêcheur, loriot d'Europe…

Ragondin, fouine, loutre, chevreuil…

Couleuvre à collier, couleuvre vipère, grenouille verte, grenouille agile, lézard des murailles…

et des hybrides de ces deux types de traitement (anciennes terrées plantées, au milieu, d'une seule rangée de peupliers). Soyez attentif, les espaces boisés, parfois en friche, abritent de plus en plus de chevreuils. En été, il est fréquent d'entendre le chant flûté du loriot d'Europe.

Loriot d'Europe

▶ *Le chemin arrive sur une petite route goudronnée, filez tout droit puis traversez le village des Nattes (rue des Plantis). Après le n° 59 de la rue, tournez à droite et, après le pont, à gauche. Continuez tout droit entre la conche et le barbelé.*

Faites bien la différence entre la terre de la plaine calcaire et celle du marais. En effet, la terre du marais, que vous quittez momentanément en marchant sur cette portion goudronnée, est noire et très riche en humus ❺. Elle est fragile. Dans ce secteur, elle recouvre, sur 40 à 50 cm de profondeur, une couche plus épaisse de bri (argile d'origine marine).
En plaine (sur votre gauche, à une centaine de mètres, dès l'apparition des habitations), la terre est de couleur marron clair avec généralement de nombreuses pierres calcaires. Elle est appelée « terre de groie ». N'hésitez pas à la gratter un peu avec vos doigts.

▶ *Traversez un pont de bois et tournez à droite. Vous vous trouvez sur d'anciennes terrées reliées entre elles par une petite passerelle. Empruntez ensuite une autre petite passerelle : vous voilà sur le halage de la rigole d'Aziré. Avant de continuer, à droite, vers Sainte-Christine, vous pouvez faire un détour, en allant à gauche, pour voir le port d'Aziré.*

Vous longez maintenant le halage de la rigole d'Aziré sur sa rive droite. Sur l'autre rive, observez les passerelles que les « haleurs » empruntaient encore il y a seulement quelques décennies (voir encadré ci-contre) ❻. Sur votre droite, remarquez un parcellaire plus grand : des prairies bordées d'un double alignement de frênes têtards et de peupliers, et parfois de cultures de maïs. Les producteurs ne doivent pas exclure les risques d'inondations en période de crue de l'Autise.

▶ *Traversez la route, continuez le long de la rigole en passant devant l'aire de pique-nique, poursuivez sur le halage jusqu'à la prochaine route. Tournez ensuite à droite, et de nouveau à droite, juste avant le pont le long du canal de la vieille Autise. Enfin, longez ce canal qui vous ramène à votre point de départ, le port de Courdault.*

Vous pouvez observer ici de nombreux indices de présence de ragondins sur le halage. Une coulée est bien marquée entre

Les passerelles de halage

Sur le halage de la rigole d'Aziré, et dans certains secteurs du Marais mouillé, les bateaux à fond plat (« batai » en maraîchin), bien chargés, étaient souvent tirés de la berge par des hommes. Pour traverser les conches ou les fossés qui coupaient perpendiculairement le canal de transport, les haleurs empruntaient des passerelles, équipées d'une main-courante. Celle-ci n'existait que du côté opposé à l'eau afin d'éviter que la corde ne s'accroche dans un quelconque obstacle. Remarquez d'ailleurs l'absence d'arbres anciens à même les berges. De conception plus récente, les petits pontons que vous emprunterez le long de la rigole d'Aziré ont été mis en place sur d'anciens ouvrages de halage.

Vieux frêne têtard, appelé « cabourne » en patois local ; c'est-à-dire, creux

la rigole, à gauche, et les terrains ou les fossés, à votre droite. Des crottes, en forme de cornichons, peuvent avoir été déposées sur la berge ou flottent à la surface de l'eau.

Remarquez la disposition des maisons anciennes : elles ont été construites sur la zone de contact entre la plaine et le marais pour pouvoir profiter des avantages des deux terroirs. **7** Rappelez–vous les différences de couleur de la terre… C'est ailleurs, le long des chemins, que vous observerez des laissées de fouines : amas de 3 à 4 cm brun à noir, bien visibles, contenant, en été, de nombreux petits noyaux ou pépins (de mûres par exemple).

Pour bien comprendre la morphologie des lieux, lorsque vous reprenez votre véhicule, empruntez la D 104 vers Benet. La plaine (là-haut, à votre gauche) « tombe » alors dans le Marais mouillé (juste en bas, à votre droite).

Damien Marie

Les terrées

Les terrées sont des parcelles de 10 à 150 m de long qui n'excèdent pas 4 ou 5 m de large. Les maraîchins les ont créées, à partir du XVIIe siècle, pour y produire du bois de chauffe, des manches d'outils et divers engins de pêche, de vannerie… Des frênes et des saules y étaient plantés en rangs serrés. La régularité de l'émondage, à 1 m à hauteur d'homme, confère à ces arbres une forme particulière, qui leur a valu l'attribut de têtard.
Si les terrées constituent aujourd'hui des biotopes remarquables, elles sont pour la plupart laissées à l'abandon.

PRATIQUE

À partir de Niort, suivez la N 148 vers Fontenay-le-Comte. À Oulmes, prenez la D 104 (à gauche) vers Bouillé-Courdault. En arrivant au carrefour à Courdault, allez tout droit vers le port et le restaurant du village. Si vous venet de Benet, prenez la D 104 jusqu'à Courdault et tournez à gauche au carrefour. Garez-vous sur le parking près du port.

La balade commence au parking près du port de Courdault.

Comptez environ 3 h de marche pour les 9 km de balade. Le bateau à chaînes et l'aire de pique-nique de Sainte-Christine peuvent être l'occasion de faire de sympathiques pauses.

Chaque saison dévoile ses beautés. Le printemps est intéressant pour les observations de la faune et de la flore. Gardez à l'esprit que des crues sont toujours possibles. Les animaux sont alors moins nombreux mais les images sont étonnantes… Les crues sont toujours lentes et non dévastatrices. Le dénivelé existant entre Niort et l'océan est d'environ 4 m.

Marais mouillé, le marais du Vanneau

5 km | 1 h 30 | Le Vanneau | Balisage jaune

14 | Dans la Venise **Verte**

Rigole dans la Garette

De larges canaux bordés par des alignements de frênes têtards et de peupliers se couvrent en été d'un tapis vert de lentilles d'eau. Ici, la terre et l'eau se mêlent et se confondent.

▶ *Descendez au port et continuez la rue jusqu'à la rue de la Belette.*

❶ Le port crée le lien indispensable entre le bourg et le marais. ❷ Chaque maison du village possède à la fois un accès à l'eau et un autre à la terre.

▶ *Après les dernières habitations, passez le pont pour quitter la rive.*

Martin-pêcheur

❸ Les cygnes survolent les marais inondés en slalomant entre les arbres. Au printemps les couples établissent leur nid en bordure des canaux ❹.

Vous cheminez sur une gigantesque « éponge ». Les racines des peupliers s'étalent en surface dans la couche mince du sol. Ces arbres, posés sur 10 m de « tourbe liquide », payent un lourd tribut aux bourrasques, en été, et aux tempêtes, en hiver.

Les eaux fraîches et légèrement courantes conviennent aux libellules. Recherchez parmi les demoiselles, des naïades et des petites nymphes au corps de feu. Hérons cendrés, poules d'eau et canards colverts se montrent facilement. En revanche, malgré leurs couleurs vives, loriots, pics et martins-pêcheurs demeurent souvent invisibles.

❺ Vous franchissez le domaine de la loutre.

❻ Les scieries implantées à la limite du marais détaillaient

Cabane maraîchine

Chemins d'eau

Conche, rigole, corde, fossé ou canal, chaque voie, désignée selon ses dimensions et ses usages, reçoit un nom qui lui est propre. Ce réseau, complexe avec ses avenues et ses venelles, desservait la moindre parcelle d'un marais autrefois très fréquenté.
La pêche, l'exploitation du bois, l'élevage et le maraîchage y tenaient une place importante.

les troncs des peupliers amenés par flottage. Devenues des usines modernes, elles se fournissent en bois exotique au port de La Rochelle.

▶ *Empruntez la voie communale entre les bâtiments pour rejoindre l'église.*

Philippe Rouillier,
Deux-Sèvres Nature Environnement

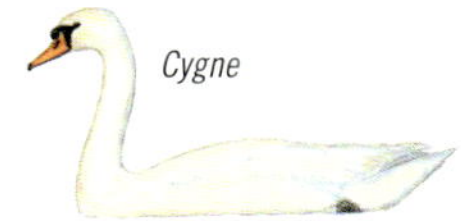

Cygne

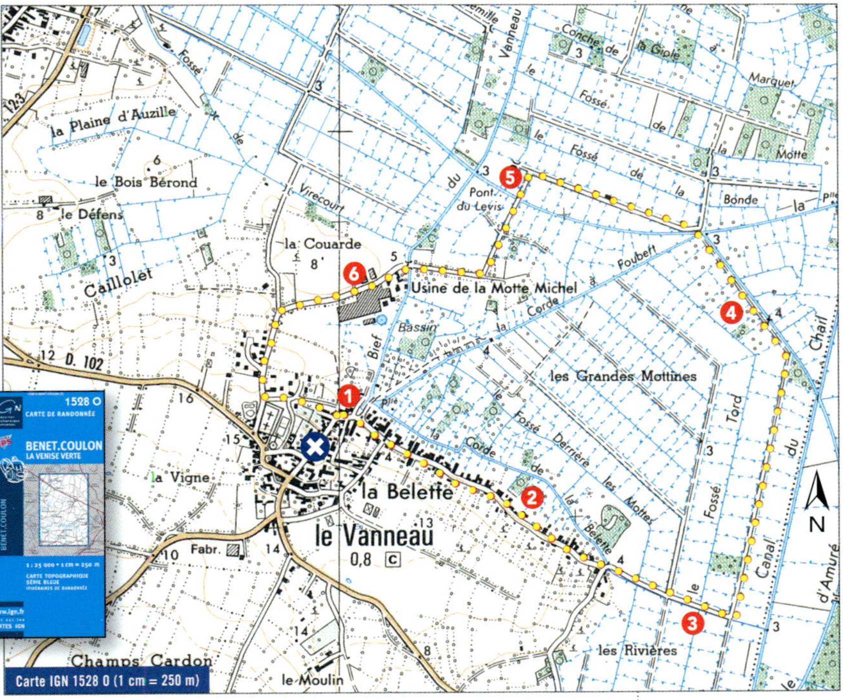

Carte IGN 1528 O (1 cm = 250 m)

PRATIQUE

▶ À partir de Niort prenez la N 11, direction La Rochelle et tournez à droite sur la D 3 vers Saint-Hilaire-la-Palud. À Sansais tournez à droite de nouveau puis à gauche à la sortie du bourg. Allez jusqu'au Vanneau (D 102) et garez-vous à l'église.

✖ La balade commence à l'église du Vanneau.

Prévoyez 1 h 30 de marche pour un circuit de 5 km. Balisage jaune.

Le printemps et l'été sont les saisons les mieux adaptées à la découverte de la faune et de la flore. En hiver, les marais sont régulièrement inondés. Le paysage est magnifique, mais le circuit impraticable.

Marais d'Amuré et de Saint-Georges-de-Rex

10 km | 3 h | Amuré | Balisage jaune

15 | Une mosaïque de **zones humides**

Prairie humide

Aux confins de la plaine calcaire, ourlés par une lisière de bocage, les marais d'Amuré et de Saint-Georges-de-Rex offrent à qui sait les découvrir toutes les richesses des marais mouillés de la Venise Verte.

▶ *Traversez la départementale pour rejoindre le village ancien avant de continuer vers le marais par le chemin de la Cabane.*

❶ Les accenteurs, les fauvettes et les hypolaïs polyglottes accompagnent votre marche de leur chant. Ces oiseaux sont très bien dissimulés dans les haies d'aubépines et d'érables champêtres.
Au bout du chemin un énorme frêne vous invite à vous plonger dans l'ambiance du marais. Ici peupleraies et jardins alternent avec les prairies et les champs cultivés, bordés par des alignements de frênes têtards.

▶ *Empruntez le parcours cycliste sur votre gauche ; un chemin enherbé, à droite, vous conduira au sentier de découverte.*

La lecture attentive des panneaux vous permet une approche théorique de la nature secrète du marais. Il faut maintenant passer à la pratique.
❷ Après quelques pas vous longez une jeune plantation où sont représentés les arbres des terres humides : aulnes, saules, trembles, frênes et peupliers. Une mare, creusée à l'attention des écoliers, abrite des tritons, des grenouilles vertes et toute une petite faune d'insectes aquatiques.

Triton palmé

Trois notes flûtées trahissent la présence du loriot mais il vous faudra de la constance pour trouver l'oiseau au sommet des peupliers. D'excellents réflexes sont tout aussi nécessaires pour apercevoir le martin-pêcheur qui passe en flèche dans votre dos, au-dessus de la rigole envahie par les lentilles d'eau.

À la recherche des soulcies

Aux marges nord de sa distribution le moineau soulcie, habitué des falaises méridionales, trouve dans les bourgs ensoleillés de la plaine calcaire des murs à sa convenance. Une visite estivale de Saint-Georges-de-Rex, par le circuit balisé des Lavoirs, permet de découvrir le patrimoine rural traditionnel des villages du Poitou et de tendre l'oreille à l'affût de ce gros moineau !

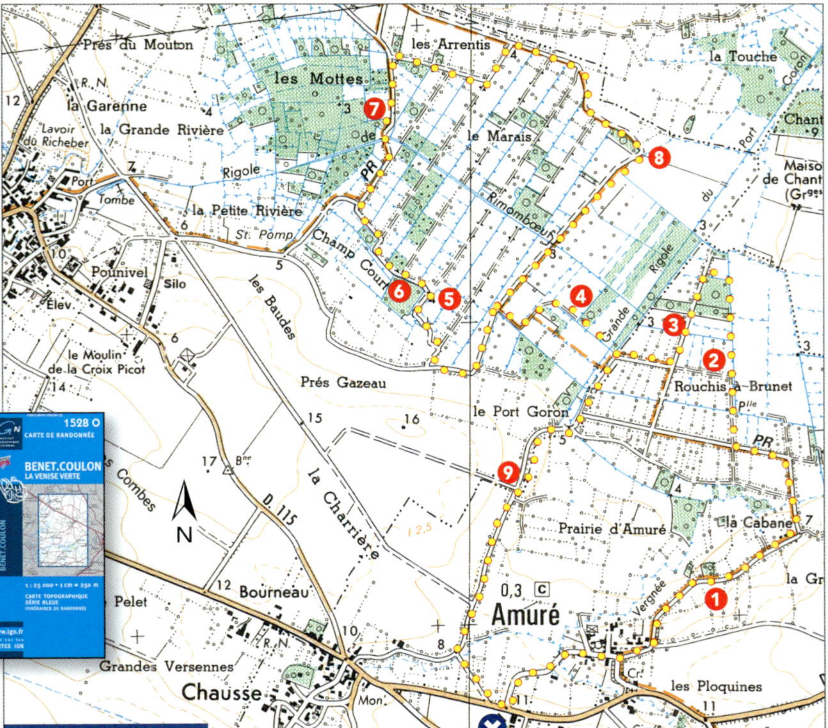

Carte IGN 1528 O (1 cm = 250 m)

© IGN Paris 2012

❸ À l'annonce du printemps les populages fleurissent, les pieds dans l'eau, tels d'énormes boutons d'or. Ils sont suivis par la fritillaire pintade aux cloches grenat. En avril, les nappes rose vif des fleurs de coucou colorent les prairies naturelles où s'épanouissent aussi les quenouilles mauves de l'orchis incarnat et les hampes pourprées de l'orchis à fleurs lâches.

▶ *Au carrefour dirigez-vous à droite vers les marais de Saint-Georges-de-Rex en empruntant une passerelle en bois dont le galbe permet le passage des barques.*

❹ De vénérables saules blancs, élagués en têtard, méritent un peu d'attention : leur bois mort abrite certainement des larves de rosalie des Alpes.

▶ *À l'extrémité du chemin, tournez à droite puis à gauche ; vous rejoignez le chemin pédestre du tour du marais de Saint-Georges.*

Autrefois domaine communal, ce marais fut quadrillé, à partir de 1873, de chemins et de fossés puis loti et vendu aux habitants de la commune. L'argent obtenu permit de financer la

Les familiers du lieu

- Héron cendré, poule d'eau, canard colvert, buse variable, milan noir, faucon crécerelle, faucon hobereau, pigeon ramier, corneille noire, pic vert, pic épeiche, martin-pêcheur, loriot…
- Loutre, ragondin, chevreuil, écureuil, campagnol, musaraigne…
- Couleuvre à collier, grenouille agile, grenouille verte…
- Libellules, criquets, rosalie des Alpes…

Protection rapprochée

Site classé, arrêté de Protection de Biotope, zone de Protection Spéciale, directive Habitats ou zone humide… Cette avalanche réglementaire protège contre une destruction irréversible et justifie l'attribution des financements nécessaires à l'entretien des paysages et du patrimoine naturel des marais mouillés. Mais, pour être réussie, la protection de la Venise Verte doit compter avec la transmission des savoir-faire traditionnels et le respect des habitudes et des usages des gens du Marais.

construction d'un port, d'un lavoir et d'une nouvelle église. Depuis la nature a repris ses droits. Les prairies et les peupleraies voisinent avec des friches humides, paradis du naturaliste.

❺ La mégaphorbiaie est peuplée de hautes plantes fleuries. À l'opposé la cariçaie paraît être un tapis uniforme d'herbes rudes, vert de gris.

Criquets et sauterelles trouvent refuge dans ces milieux palustres (marécageux). Le criquet ensanglanté, un superbe orthoptère bigarré de vert, de noir, de jaune et de rouge, a pour voisin le criquet des roseaux. La livrée vert vif de ce dernier est soulignée d'une élégante raie noire partant de l'aile pour rejoindre l'œil. L'intérêt écologique de ces marais tourbeux a attiré l'attention du Conservatoire Régional des Espaces Naturels, actuellement propriétaire d'une vingtaine d'hectares.

▸ *Après avoir effectué une incursion sur le chemin enherbé près de l'aire de pique-nique revenez sur vos pas pour rejoindre l'itinéraire balisé.*

❻ Un arrêt s'impose face au superbe cyprès chauve. Natif des bayous de Louisiane, ce conifère est habitué à vivre les pieds dans l'eau. Il est doté de curieuses protubérances ligneuses, les pneumatophores, visibles sur la rive du canal. Ces « moignons » en bois, émergeant du sol, ont pour fonction d'aérer les racines du cyprès.

▸ ❼ *Franchissez le pont qui enjambe la rigole du Rimombœuf.*

Faucon hobereau

Sur votre gauche Les Mottes forment un boisement inaccessible entouré de fossés. Le faucon hobereau y trouve l'été un territoire de chasse à sa mesure qu'il partage, non sans quelques mouvements d'humeur, avec les buses variables, les milans noirs et les corneilles.

Pics verts et pics épeiches sont très présents dans ces marais boisés. Le pic épeichette et

Les larves de rosalie

Les vieux arbres servent de gîte et de couvert aux larves de nombreux insectes xylophages. Dans les marais boisés de la Venise Verte, la rosalie des Alpes (protégée) y trouve un refuge privilégié. Les larves de ce coléoptère vivent exclusivement dans les bois morts. Elles en favorisent la dégradation en y creusant des galeries et participent ainsi au grand cycle de la vie. Les arbres creux servent ensuite de refuge aux chauves-souris, à la chouette hulotte ou à la genette.

le grimpereau, beaucoup plus discrets, accompagnent souvent les rondes de mésanges.

Mésange charbonnière

▶ *Tournez à droite sur le premier chemin rencontré après le pont.*

❽ Au détour d'un virage, de grandes prairies entrecoupées de canaux offrent un site de pose privilégié pour les hérons cendrés et pourprés. Deux plantes rares, caractéristiques des marais tourbeux alcalins, sont ici visibles. Peu appréciée par le bétail, l'euphorbe des marais, l'une des plus grandes euphorbes d'Europe, s'installe dans la prairie.
La marisque colonise le fossé riverain du chemin. Cette gigantesque plante envahissait jadis de vastes surfaces de marécage, appelées « rouchis ». Ses longues feuilles entremêlées, rigides et coupantes rendaient ces espaces complètement impénétrables.

▶ *Rejoignez, sur votre gauche, le chemin du retour en direction d'Amuré, dépassez le petit Port Goron (à gauche) et tournez à droite.*

❾ Entre plaine et bocage, le bruant proyer, le busard cendré ou l'œdicnème criard, sont tous trois présents sur les plateaux calcaires environnants.

▶ *N'oubliez pas de tourner à gauche sur l'ancienne voie ferrée pour rejoindre votre point de départ.*

Philippe Rouillier,
Deux-Sèvres Nature Environnement

Alerte rouge

Jadis répandue dans les prairies inondables, la fritillaire pintade s'est largement raréfiée à la suite des drainages, des amendements et de la culture des prairies. Menacée de disparition dans de nombreux endroits cette jolie fleur suscite toujours la convoitise de certains promeneurs, alors que couper la tige affaiblit le bulbe et empêche la plante de se reproduire. La fritillaire a rejoint la liste rouge des plantes protégées en Poitou-Charentes et en Vendée. Ne la cueillez pas !

PRATIQUE

- À partir de Niort prenez la N 11 en direction de La Rochelle. Tournez ensuite à droite, sur la D 3, vers Saint-Hilaire-la-Palud. Allez jusqu'à Amuré. Garez-vous près de l'ancienne gare, transformée en mairie.
- La balade commence de l'autre côté de la route ; une plaque verte vous indique le départ.
- Comptez 3 heures de marche pour un parcours d'environ 10 km. Le circuit emprunte deux sentiers balisés (tous les deux en jaune).
- Le printemps et l'été sont les saisons les plus adaptées pour découvrir la flore et la faune. Les marais sont régulièrement inondés en hiver, la balade devient alors impossible.
- Si vous préférez le vélo une dizaine d'itinéraires balisés vous permet de découvrir les marais, la plaine, les bocages et les villages du sud-ouest des Deux-Sèvres. Ces circuits sont indiqués sur la carte touristique du Marais poitevin des Deux-Sèvres que vous pourrez vous procurer dans les offices de Tourisme et les commerces de la région.

Marais mouillé

8 km | 2 h 30 | Saint-Hilaire-la-Palud | Balises vertes

16 Le sentier du **marais sauvage**

Séchage de mojettes

Cultures et prairies, mares et canaux, phragmitaies, cariçaies, jardins et peupleraies jalonneront votre visite à travers ce marais aux multiples visages.

Balade pour appréhender la diversité des habitats de la Venise Verte ou comment les activités humaines telles que les cultures de mojettes (haricot demi-sec) ont depuis longtemps modelé le paysage du Marais. Chevreuils et loriots guideront vos pas. À moins que l'hôte invisible des lieux, la loutre d'Europe, ne prenne le relais…

▸ Le panneau pédagogique sur le village de la Rivière donne le signal du départ ❶. Passez sur le pont et pénétrez dans le marais. Impossible de vous tromper, il suffit de suivre le chemin principal.

Un km plus loin, quelques parcelles de carex et de phragmites s'étendent sur votre droite ❷. Arrêtez-vous pour découvrir cet habitat devenu rare. Il est surnommé localement « rouche ».

Chevreuil

▸ Le passage de l'écluseau de Biguenot se situe 4 km après ❸. Dans le kilomètre suivant, vous laisserez deux chemins sur votre gauche. En restant sur le chemin, vous arrivez au lieu-dit la Dévise ❹. Prenez alors la petite route sur votre droite qui rejoint le village de la Rivière.

❺ Entre juin et juillet, tentez de repérer sur les maisons, un moineau pâle avec une tâche jaune clair sous la gorge : le moineau soulcie.

Xavier Fichet,
Groupe Ornithologique des Deux-Sèvres

Les trous de bri

Vestiges industriels, les trous de bri résultent de l'extraction de l'argile qui servaient à la fabrication de tuiles ou de briques. Aujourd'hui ces trous forment de petits plans d'eau permanents, colonisés par une flore et une faune aquatiques riches. Certains d'entre eux sont aménagés en étang de pêche.
Les tuileries du village de Saint-Hilaire-la-Palud témoignent aussi de cette activité industrielle.

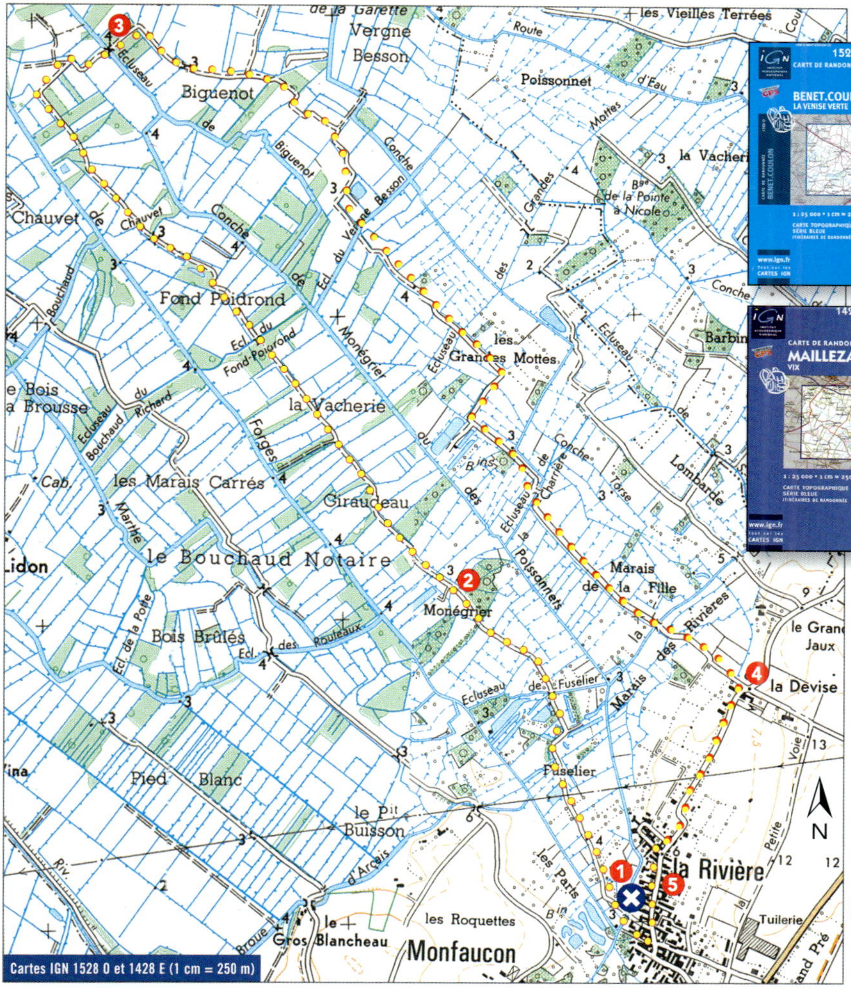

Cartes IGN 1528 O et 1428 E (1 cm = 250 m)

PRATIQUE

En sortant de Niort en direction de la Rochelle (N 11), tournez à droite, vers Sansais (D 3). À Sansais, filez tout droit jusqu'à Saint-Hilaire-la-Palud. Dans le village, prenez direction Arçais (D 101). Tournez à gauche vers « la Rivière ». À la Rivière, prenez la deuxième à droite, puis à gauche au panneau « Venise Verte, marais sauvage ». Garez-vous avant le pont qui donne sur le marais (chemin du Grand Port).

Le point de départ se situe sur le pont qui donne sur le marais.

8 km de balade, facile, pratiquée sur des chemins biens entretenus. Comptez 2 à 3 heures.

Agréable toute l'année ; préférez la belle saison pour fréquenter le site. Impraticable en période de crue.

17 | Au bord du canal du **Mignon**

L'écluse de Chaban

Du port de Mauzé aux écluses de Bazouin, encadré par des chemins de halage, le canal du Mignon offre de multiples possibilités d'observer la nature à la frontière des Deux-Sèvres et de la Charente-Maritime.

Plus de 30 espèces de libellules ont à ce jour été observées le long du canal. Certaines, comme les sympétrums (rouges ou jaunes selon leur sexe), se posent par centaines sur les pointes acérées des barbelés qui séparent les prairies du halage.

Les libellules des eaux vives profitent de la chute d'eau des écluses. D'autres, comme l'anax empereur, chassent en vol au-dessus du canal. Collées aux tiges des roseaux, les rainettes vertes, confiantes dans leur camouflage passent fréquemment inaperçues. La nuit leur concert bruyant couvre le hululement des chouettes hulottes et le « cour'li » des œdicnèmes criards de la plaine voisine.

Les grenouilles agiles sont souvent présentes près des bosquets. Les lézards verts, la couleuvre verte et jaune et la couleuvre d'Esculape apprécient les talus ensoleillés.

Vulcain

Les petites tortues, les paons du jour et les vulcains sont communs dans les friches autrefois cultivées. Leurs chenilles se nourrissent de feuilles d'ortie.

Paon du jour

Poules d'eau et grèbes castagneux élèvent leur famille à l'abri des branches basses d'un saule. Le martin-pêcheur s'y perche, à l'affût d'un alevin. Le bord de l'eau est exploité, par le chevalier guignette et la bergeronnette des ruisseaux.

Petite tortue

Le canal du Mignon s'élargit en aval. Les cygnes trouvent alors un plan d'eau à leur mesure. Le héron pourpré se poste immobile à l'abri des

Marais impénétrables

Jusqu'au milieu du XIXe siècle un « marais à rouches » (envahi par une plante, la marisque), mouvant et impénétrable recouvrait la vallée du Mignon au niveau de sa confluence avec la Courance. Hérons, butors et blongios pouvaient construire leur nid sur ces sites inaccessibles à l'homme.
La réalisation du canal permit d'assainir ce marais.
Des rouchis subsistent encore dans les tourbières de Prin-Deyrançon, de Cram-Chaban et du Bourdet.

Le long du canal…

Les corbeaux freux s'alimentent dans les plaines voisines

roseaux. Des colonies de hérons cendrés et de corbeaux freux sont installées à proximité, dans les peupliers.
Les chevreuils, nombreux, se réfugient dans les poussis de frênes ou les maïs. Plus rares, les sangliers sont surtout visibles en hiver.
Loutre, putois et fouine fréquentent aussi le canal. Leur présence discrète se devine à leurs traces.
Les ragondins, plus faciles à observer, font l'objet d'un piégeage efficace.

Putois

Malgré l'agriculture intensive pratiquée dans les environs, les rives et le canal du Mignon demeurent un milieu privilégié de découverte et un havre de vie pour la petite faune du marais.

Philippe Rouillier, Deux-Sèvres Nature Environnement

Chevalier guignette

Le canal du Mignon

Le canal du Mignon (long de 16 km) fut construit pour relier Mauzé-sur-le-Mignon à la mer par la Sèvre Niortaise et par le canal de La Rochelle à Marans. Il permettait ainsi la navigation des bateaux, chargés de tonneaux d'eau de vie, jusqu'au port de La Rochelle. Bientôt concurrencé par le rail, alors en plein expansion, l'usage du canal fut rapidement abandonné.

PRATIQUE

Rejoignez Mauzé-sur-le-Mignon situé sur la N 11, entre Niort et La Rochelle. Puis empruntez la D 101 en direction de Saint-Hilaire-la-Palud. Tournez à droite vers le port ou continuez vers Cram-Chaban. Vous pouvez aussi rejoindre Saint-Hilaire-la-Palud. De là, dirigez-vous vers Cram-Chaban ou vers la Grève-sur-Mignon.

Choisissez des balades à votre convenance sur les 32 km de chemins de halage.

C'est le matin ou en fin de journée que vous ferez les meilleures observations. L'eau est habituellement courante et claire mais à la fin de l'été, lorsque les nappes trop sollicitées par les arrosages s'épuisent, les niveaux baissent et la rivière se couvre d'algues vertes. Privilégiez alors les balades en aval du canal.

Campings, chambres d'hôtes et gîtes ruraux à proximité du Mignon.

2,5 km | 1 h | Le Bourdet | Panneaux pédagogiques

18 | Entre communal et **tourbière**

Un troupeau de vaches maraîchines pâture sur la prairie communale

Le long de ce petit chemin, deux habitats typiques du Marais s'offrent à vous : la tourbière et la prairie communale.

Sur une vingtaine d'hectares, une part de l'histoire du Marais se dévoile...
Le chemin débute par le parcours pédagogique qui retrace l'histoire géologique des Deux-Sèvres.
Après cette immersion dans les profondeurs de notre Terre, rejoignez les rives des phragmites et marisques. À gauche, se dévoile à peine la tourbière ❶ d'où s'échappe le chant des bouscarles et rousserolles. À droite s'étend la prairie communale ; les vaches maraîchines y pâturent. Au-dessus, faucons crécerelles et hobereaux chassent respectivement campagnols et libellules. Attention, il est interdit de pénétrer dans la tourbière... Sinon gare aux légendes locales... Un sentier botanique, le long de la voie ferrée ❷ présente les arbres et plantes du Marais. Suivez-le. À la fin de celui-ci, vous arrivez derrière une petite grange. Empruntez le sentier qui passe derrière l'étable ❸. Un dernier clin d'oeil aux maraîchines et vous voilà de retour.

Xavier Fichet, Groupe Ornithologique des Deux-Sèvres

La vache maraîchine

Cousine de la parthenaise, la vache maraîchine vient d'être sauvée de l'extinction. Elle est très rustique et parfaitement adaptée à la pâture quasi-permanente des prairies humides. La maraîchine porte de longues cornes en lyre et une robe, aux extrémités noires, allant du froment au fauve rougeâtre. Cette race locale est polyvalente : elle possède de bonnes qualités laitières, bouchères et maternelles.

Faucons hobereau (à gauche) et crécerelle (à droite)

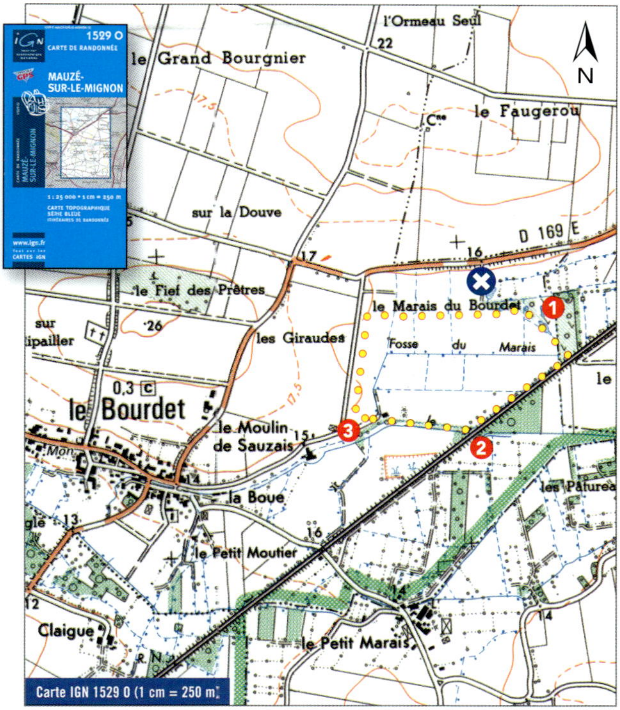

Tourbières alcalines

Espaces naturels témoins et relictuels du passé géologique du Marais, ces tourbières résultent de l'accumulation de matières organiques non dégradées. Le « charbon du pauvre » y fut exploité jusqu'à la Seconde Guerre mondiale comme combustible ou comme engrais. Ces habitats uniques renferment des espèces d'intérêt majeur comme le cuivré des marais, un papillon très rare. D'importants travaux doivent être entrepris pour restaurer ces milieux fragiles, victimes de l'enfrichement et d'une gestion hydraulique inadaptée.

Rousserole effarvatte

PRATIQUE

À partir de Niort, prenez la N 11 (direction La Rochelle) puis la D 1 vers Sansais. Tournez à gauche après le pont SNCF en direction du Bourdet. Suivez les panneaux « sentier de la Maraîchine » et stationnez sur le petit parking aménagé sous la peupleraie (à gauche).

Le parcours débute par l'espace géologique qui retrace sur 600 m, la géologie de la commune du Bourdet à travers l'histoire géologique des Deux-Sèvres. Le sentier est ensuite jalonné d'une dizaine de panneaux pédagogiques qui vous feront découvrir les richesses du site. Un sentier botanique vous attend également le long de la voie ferrée.

La balade, très facile, représente 2,5 km de long. Comptez 1 heure.

Préférez le printemps et l'été pour profiter pleinement des insectes, des grenouilles ou des passereaux. En période de crue, une partie du parcours peut être impraticable.

Un certain nombre de parcelles est la propriété du Conservatoire Régional des Espaces Naturels qui gère le site avec le Parc interrégional du Marais poitevin. Un troupeau de vaches maraîchines et d'oies grises du marais pâture dans la prairie communale. La tourbière bénéficie d'un arrêté préfectoral de Protection de Biotope.
Association pour la valorisation de la race bovine maraîchine - Nermoux - 85370 Nalliers.

7 km | 3 h | Niort

19 La boucle de **Chey**

Fossé bordé notamment d'iris faux-acore et d'épilobe hirsute

Située aux portes de la Venise Verte, la boucle de Chey vous entraîne sur les chemins de halage de la Sèvre niortaise à la rencontre de ses prairies et de ses marais. La découverte de la nature au seuil d'une ville de 60 000 habitants.

Au parking, vous découvrez la ferme de Chey. Cette ferme, d'architecture traditionnelle, propriété de la ville de Niort, accueille le Chaleuil d'au Pays Niortais, une association de promotion des traditions poitevines. Ses hôtes familiers sont la chouette effraie, le martinet noir ou encore le rouge-queue noir.

▸ *Engagez-vous sur la petite route qui se dirige vers la Sèvre et le pont routier. Reprenez pendant 200 m la route que vous venez d'emprunter en voiture, puis filez jusqu'au fleuve.*

Vous traversez des cultures céréalières. Cet apparent désert biologique abrite encore quelques espèces d'oiseaux emblématiques. En matinée ou en soirée, les cris plaintifs de l'œdicnème criard ou le chant de la caille des blés peuvent se joindre au trille des alouettes des champs.

▸ *En arrivant sur le bord de la Sèvre, n'hésitez pas à prendre vers la gauche et à remonter le cours du fleuve* ❶.

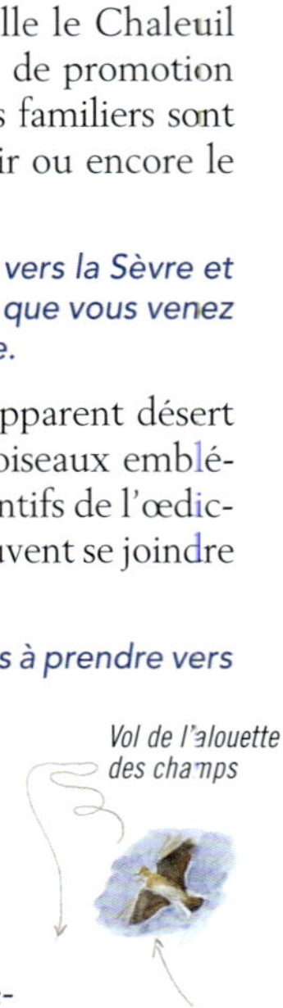

Vol de l'alouette des champs

Sur la rive opposée, dans le marais de Galucher, s'est établie une colonie de 75 couples de héron cendré. La présence d'une héronnière si proche de la ville est rare.
Constitué à l'origine de nombreuses terrées, ce marais est aujourd'hui devenu presque impénétrable. Les terrées sont des îlots de plantation de frênes têtards, taillés à un mètre de hauteur. Pendant la nuit, les grenouilles vertes et agiles reprennent le concert donné toute la journée par les troglodytes, les mésanges et les bouscarles. En

Bateaux à chaîne

Dans un pays où les principaux chemins sont constitués de voies d'eau, les barques ou *batais* constituaient souvent le seul moyen de transporter bétail ou récoltes. Leur usage peut être public ; les bateaux à chaînes permettent notamment aux maraîchins de traverser les cours d'eau les plus larges. Ces embarcations sont aujourd'hui utilisés pour la traversée des randonneurs ou des pêcheurs.

Carte IGN 1528 E (1 cm = 250 m)

hiver, cet espace sert de dortoir aux pigeons ramiers. Poursuivez votre chemin et portez votre attention sur le plan d'eau de Noron ❷. Ici, la Sèvre niortaise a été élargie pour permettre la pratique de différents sports nautiques. Le grèbe castagneux, la foulque macroule ou encore la mouette rieuse sont les hivernants habituels du site. D'autres observations remarquables peuvent être effectuées sur ce plan d'eau qui constitue un refuge pour les oiseaux lors des vagues de froid intense et des violentes tempêtes atlantiques. Des espèces très rares y ont été observées au cours de ces quinze dernières années.

▶ *Après cette pause purement ornithologique, revenez sur vos pas sur le chemin qui longe la Sèvre.*

Les familiers du lieu

Grèbe castagneux, héron cendré, canard colvert, poule d'eau, mouette rieuse, chouette effraie, martin-pêcheur, pic vert, bergeronnette des ruisseaux, bouscarle de Cetti, fauvette à tête noire, troglodyte mignon, bruant proyer…

Ragondin, écureuil roux, hérisson, pipistrelle commune…

Triton palmé, grenouilles verte et agile, couleuvre verte et jaune, couleuvre à collier…

Mare dans le marais de la Plante

Menace dans les plaines…

Les plaines céréalières bordant le Marais poitevin accueillent des espèces aussi menacées que le busard cendré, l'œdicnème criard ou l'outarde canepetière. Cette dernière, disparue depuis une dizaine d'années des plaines surplombant la boucle de Chey, connaît un déclin catastrophique dans la région Poitou-Charentes. Il s'agit en plus du dernier bastion français de la population migratrice de cette espèce. L'autre population française d'outarde, sédentaire, vit en Provence, dans la plaine de la Crau.

Pré pâturé, bordé de frênes

Conservation et valorisation du Galucher

Véritable lit majeur de la Sèvre Niortaise, ce marais abrite des paysages significatifs de la longue évolution du Marais poitevin. De la prairie de pâturage aux boisements spontanés, ce site héberge de nombreux habitants et espèces remarquables du « marais mouillé ». La ville de Niort et les derniers propriétaires en partenariat avec les associations de protection de la nature œuvrent pour la conservation et la valorisation de cette « porte » située la plus à l'est du Marais poitevin. Nos objectifs sont la restauration du réseau hydraulique et la conservation d'une grande mosaïque de milieux naturels.

En face de celui-ci, se trouve le marais de la Plante ❸, dont les peupleraies accueillent deux colonies importantes de corbeau freux. Avec la naissance des jeunes, l'observation attentive d'une corbeautière en avril-mai peut se révéler aussi surprenante que passionnante. Une grande animation y règne : les corbeaux effectuent des allers-retours incessants pour nourrir leur progéniture. Prenez donc quelques instants pour apprécier cette espèce sous un nouveau jour…
Le long du chemin, bordé d'iris, de guimauve ou de reine des prés, vous apercevrez sans doute un ragondin. Les libellules se chauffent au soleil. Si le cygne tuberculé adopte une posture menaçante, c'est le signe qu'il niche non loin de là.

Castagneux d'été

En continuant à marcher, découvrez, sur votre droite ❹, deux immenses prairies. Au-dessus des renoncules ou des lychnis fleur-de-coucou, les rapaces chassent, chacun à leur manière. Le faucon crécerelle fait le « Saint-Esprit » (vol sur place caractéristique), le faucon hobereau joue l'acrobate et le busard des roseaux survole la prairie avec une fausse indolence. À la tombée de la nuit, peut-être aurez-vous la chance d'entendre l'un des chants d'oiseaux les plus étranges qui soit : *crex crex*… le rarissime râle des genêts est en visite.
Les habitués du lieu sont avant tout la bouscarle, le colvert et la poule d'eau. Un chevalier guignette se pose sur la berge après un court vol plané. Ce limicole fréquente régulièrement les rives des cours d'eau lors de ses migrations.

Pic vert

En face, dans les parcs des demeures qui bordent la Sèvre, le pic vert, par son cri, et l'écureuil, par ses sauts, vous escorteront jusqu'au bateau à chaîne ❺. L'accès à cette embarcation est libre et vous permet de vous rendre sur la rive opposée.

▸ *Poursuivez votre parcours sur le chemin balisé le long du fleuve.*

Vous passez le long d'un bel alignement de frênes têtards, caractéristique du Marais poitevin. En juillet, inspectez les troncs et branches : la rosalie des Alpes s'y reproduit quelquefois. Disparu de maintes régions européennes, ce magnifique coléoptère bénéficie d'une protection intégrale. L'insecte – à admirer seulement avec les yeux – est ici inféodé aux boisements de frênes. Regardez vers les prairies pâturées : les iris faux-acore bordent des mares. Leurs fleurs jaunes égayent la verdure omniprésente.

▶ *L'île, sur votre droite, est l'île aux oiseaux. Poursuivez le chemin jusqu'à la Roussille* ❻.

Accordez-vous quelques instants, les petits îlots baignés par les eaux de l'écluse vous offriront de belles observations de bergeronnettes des ruisseaux ou de martin-pêcheur. Admirez l'architecture paisible de l'endroit.

▶ *Prenez le chemin qui remonte sur votre droite.*

La fauvette à tête noire vous guide le long d'un bois humide d'aulnes, de frênes… ❼. En poursuivant votre route quelques instants, vous apercevez sur votre droite une zone humide entrelacée de fossés et de mares. De nombreuses espèces d'amphibiens et de libellules s'y reproduisent… Au printemps, le loriot ne manque pas de faire entendre son chant convivial.

▶ *Vous passez à proximité de la ferme* ❽ *et rejoignez votre point de départ.*

Avec un peu de chance, le serin cini, perché sur l'antenne de la ferme ou sur un résineux, vous accueillera en musique.

Xavier Fichet, Groupe Ornithologique des deux-Sèvres

« Crex crex »

Le Marais poitevin est l'un des derniers sites occidentaux où l'on peut rencontrer le râle des genêts, oiseau typique des prairies humides de fauche. Avec la disparition de ces milieux et leur mécanisation accrue, ce rallidé est au bord de l'extinction en Europe occidentale alors qu'il était assez commun dans les années 1950. Seules les actions menées en partenariat avec les agriculteurs peuvent permettre de le sauver. Pour que résonne encore son fameux chant : *crex crex*…

Rosalie des Alpes

PRATIQUE

- ▶ Depuis l'avenue de la Rochelle à Niort, prenez vers Nantes (4 km). Au rond-point de Buffevent, prenez direction Niort-Centre ; 200 m après tournez à droite, en direction du foyer de l'Enfance. Après 2 km, tournez à gauche, direction « La Roussille ». À la bifurcation, prenez le virage à gauche ; 500 m après, tournez à droite, avant le pont, direction Chey. 500 m plus loin, tournez de nouveau à droite et garez-vous sur le parking avant la ferme de Chey.
- ✖ Le circuit commence à la ferme de Chey, propriété communale, sur le parking public.
- ⏱ Prévoyez 3 heures pour 7 km de marche. Aucune difficulté.
- Les crues peuvent rendre une partie de la visite impossible. Préférez donc le printemps ou l'été. Au moment des fortes tempêtes océaniques ou pendant les hivers rigoureux, le plan d'eau de Noron peut accueillir des espèces d'oiseaux exceptionnelles.
- ℹ À Niort : Donjon, Halles ou Pilori. Renseignements à l'office de Tourisme. Tél. 05 49 24 98 92.

20| **Un pays d'eau,** de fossés, de conches et de rigoles

Vous pouvez vous balader en barque seul ou guidé par un batelier

Au fil du comblement du golfe des Pictons et des opérations d'assèchement, un réseau hydrologique dense a été aménagé pour l'évacuation des eaux mais aussi pour la circulation des habitants.

Les maraîchins se déplacent en bateau depuis toujours. Pendant des siècles, les routes maritimes ont permis le commerce entre les différentes îles du Marais. Et si, aujourd'hui, la plupart des secteurs sont desservis par des chemins et des routes terrestres, les voies d'eau subsistent. Plus de 2000 km de canaux, de conches et de fossés parcourent le marais. Il sont encore le passage obligé pour accéder à certaines parcelles enclavées.

S'il n'est plus un mode de vie à part entière, le bateau est omniprésent dans le marais. Bien sûr, le batai (barque) traditionnel a été remplacé par le chaland pour transporter le bétail mais il est toujours utilisé par les pêcheurs, les chasseurs et surtout par les promeneurs. Il reste sans doute le meilleur moyen de découvrir les paysages, la faune et la flore des marais mouillés en empruntant ses multiples chemins d'eau.

Dans un silence absolu, accompagné de votre guide, vous longerez les prairies bordées de frênes et de peupliers comme le fait la loutre encore présente dans ce milieu. Ne vous attendez pas à la rencontrer. Elle circule la nuit, à l'abri des regards indiscrets. Peut-être, si vous êtes observateur, pourrez-vous repérer les traces de son passage.

Rat musqué

Ne la confondez pas avec les ragondins ou les rats musqués. Plus facilement visibles, ils peuplent l'ensemble des eaux.

Au milieu du tapis vert formé par les lentilles, vous repérerez

Rainette verte

sans doute les nombreuses grenouilles qui vous regarderont passer jusqu'à ce qu'elles plongent, au moment où vous pourriez penser les toucher.

Si vous avez l'œil averti, vous apercevrez probablement quelques ablettes et autres gardons proches de la surface. Lorsque le banc se disperse en un éclair, c'est qu'un chasseur s'approche. Un brochet, un sandre ou un black-bass, dans un ultime effort, sortira peut-être hors de l eau pour s'emparer d'une proie. L'anguille est sans doute l'espèce la plus représentative du Marais poitevin mais elle est bien difficile à voir puisqu'elle vit au fond. Elle se déplace surtout pendant la nuit et s'abrite dans les racines pendant la journée.

Brochet

Ablettes

Au bord de la conche, vous rencontrerez des libellules de toute taille et de toutes les couleurs. Vous aurez peut-être la chance de croiser la rosalie des Alpes. Cet insecte inféodé au frêne, visible quelques semaines en été, est d'une rare beauté.

Au printemps, de nombreuses fleurs bordent les fossés. L'hottonie des marais, avec ses petites fleurs blanches ou blanc-lilas, vous surprendra en pleine eau. Le populage des marais est une renoncule à grandes fleurs jaunes. En été, vous croiserez l'iris faux-acore ou, plus rarement, l'iris bâtard.

Iris faux-acore

Sur les prairies poussent la reine des prés, la valériane, au parfum subtil, ou encore la fritillaire pintade, une petite tulipe frêle à grande fleur pourpre.

Au détour d'une conche, un héron sera peut-être à l'affût d'une anguille dans un fossé ou d'un campagnol des champs au milieu d'une prairie. Il s'agira probablement d'un héron cendré, le plus présent. Mais avec un peu de chance, vous apercevrez aussi le héron pourpré.

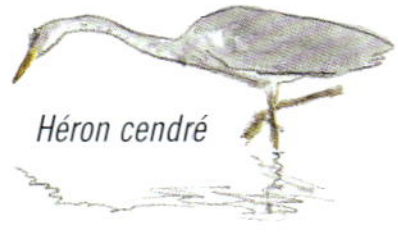
Héron cendré

Le martin-pêcheur se nourrit également de poissons : il file à la surface de l'eau à la recherche d'alevins ou d'insectes.

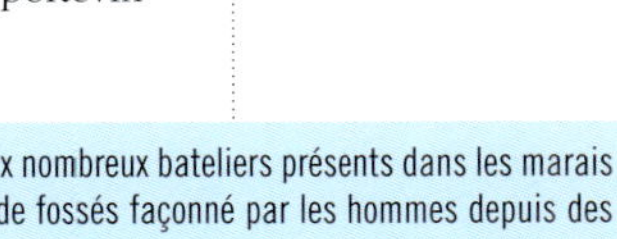
Gardon

Parc interrégional du Marais poitevin

PRATIQUE

Profitez du plaisir d'une promenade en bateau en vous adressant aux nombreux bateliers présents dans les marais mouillés. Ils sauront vous guider dans le labyrinthe de conches et de fossés façonné par les hommes depuis des siècles. Pour cela contactez les différents offices de tourisme.

OT canton de Courçon : 05 46 51 56 65 - OT Pays Marandais : 05 46 01 12 87 - OT Niort-Marais poitevin – Vallée de la Sèvre Niortaise : 0820 2000 79 - OT des Isles du Marais poitevin : 02 51 56 71 17 - OT Pays de Fontenay-le-Comte : 02 51 69 44 99 - OT Pays de Luçon né de la Mer : 02 51 56 36 52 - OT Vendée Sèvre Autise : 02 51 87 23 01 - OT Pays né de la Mer : 02 51 30 21 89 - OT Saint-Benoist-sur-Mer : 02 51 30 85 85.

Sorties **nature**

La balade nature rencontre un succès croissant. Les organismes et associations ci-dessous proposent des sorties ou des activités encadrées par des animateurs. Idéal pour approfondir votre connaissance du Marais poitevin.

▶ Parc interrégional du Marais poitevin

En été des animations-découvertes en petits groupes sont proposées par le Parc. Les différentes Maisons du Parc vous accueillent également pour découvrir tous les visages du Marais poitevin.

E-mail : correspondance@parc-marais-poitevin.fr
www.parc-marais-poitevin.fr

▶ « Les Maisons du Parc »

www.maisons.parc-marais-poitevin.fr

▶ Maison de la Mytiliculture

Afin de mieux comprendre l'activité mytilicole et l'environnement dans lequel elle évolue, la Maison propose la projection d'un reportage sur l'écosystème de la baie de l'Aiguillon ainsi qu'une muséographie dynamique et interactive adaptée aux plus petits. Des ateliers pédagogiques sont également proposés aux publics scolaires.

17137 Esnandes
Tél. : 05 46 01 34 64
maisondelamytiliculture@esnandes.fr

▶ Maison du Marais poitevin

Cet « écomusée » présente les richesses et la biodiversité du Marais poitevin et de ses patrimoines naturels et humains. La visite comprend les expositions temporaires et permanentes et le spectacle du maraiscope. Des activités de découvertes avec des animateurs nature sont également organisées pour tout public.

79510 Coulon
Tél. : 05 49 35 81 04
maraispoitevin@maisons.parc-marais-poitevin.fr

▶ Maison du Maître de Digues

Au cœur du Marais desséché, la Maison du Maître de Digues, « cabane traditionnelle », invite à la découverte et à la rencontre de la vie de cet homme indispensable à la gestion hydraulique. Plus qu'un métier, c'est sa vie quotidienne qu'il vous dévoile, pour que la connaissance du passé permette d'envisager l'avenir.

85450 Chaillé-les-Marais
Tél. : 02 51 56 77 30
maison.maitrededigues@orange.fr

▶ Maison de la Meunerie

16, rue du Moulin - 85240 Nieul-sur-l'Autise
Tél. : 02 51 52 47 43
meunerie@maisons.parc-marais-poitevin.fr

La Fondation Nicolas Hulot pour la Nature et l'Homme

Créée en 1990, sa vocation est de promouvoir le développement de l'éducation à l'environnement et de sensibiliser et responsabiliser jeunes et adultes en les soutenant dans des actions concrètes. Elle est la première fondation française reconnue d'utilité publique dans le domaine de l'éducation à l'environnement.

FNH - 52, bd Malesherbes, 75008 Paris - Tél. : 01 44 90 83 00 - Fax : 01 44 90 83 19 - www.planete-nature.org

▶ Nature Environnement 17

Cette association créée en 1976, gestionnaire d'espaces nature assure des animations toute l'année : botanique, ornithologie, géologie, lecture de paysage…

Groupe scolaire Descartes
Avenue de Bourgogne Port-Neuf
17000 La Rochelle
Tél. : 05 46 41 39 04
n.environnement17@wanadoo.fr

▶ Pôle Nature du Marais poitevin

Une visite différente où le génie, la vie et les histoires des Maraîchins vous sont présentés au travers d'expositions. Un sentier de découverte en accès libre et gratuit vous livre les clés du marais.

Pôle Nature du Marais poitevin
12 bis, rue des Hérons - 17170 Taugon
Tél. : 05 46 56 34 46 - pn.maraispoitevin@orange.fr

▶ Deux-Sèvres Nature Environnement

Conférences et débat en hiver, animations nature au printemps et en été, sorties mycologiques en automne et exposition sur la flore chaque 3e week-end d'octobre (à Vouillé). Voilà le programme de cette association !

12, rue Joseph-Cugnot - 79000 Niort
Tél. : 05 49 73 37 36
deuxsevres.nature@laposte.net

▶ Groupe ornithologique des Deux-Sèvres (GODS)

Le GODS, association loi 1901, a pour objectif l'étude et la protection des oiseaux sauvages dans les Deux-Sèvres. L'association propose également des animations diverses : éducation à l'environnement, sorties ornithologiques, conférences… N'hésitez pas à vous rendre au lac du Cébron, situé entre Parthenay et Thouars, qui a accueilli plus de 230 espèces d'oiseaux depuis sa mise en eau en 1982. Ce site est le spot ornithologique du département où limicoles et anatidés font halte lors de leur passage migratoire.

7, rue Crémeau - 79000 Niort
Tél. : 05 49 09 24 49
contact@ornitho79.org
www.ornitho79.org

▶ Ligue de Protection des Oiseaux de Vendée

Forte de ses 44 000 adhérents, la LPO agit pour la protection des oiseaux et des milieux naturels associés. Elle mène des actions de protection d'espèces et d'espaces sensibles et fait découvrir les oiseaux et les milieux naturels aux publics et aux écoles.

LPO Vendée
La Brétinière - 85000 La Roche-sur-Yon
Tél. : 02 51 46 21 91
vendee@lpo.fr - http://vendee.lpo.fr
Base de données en ligne : www.faune-vendee.org

LPO antenne sud Vendée - Marais poitevin
Le Grand Mothais - 85450 Champagné-les-Marais
Tél. : 02 51 56 78 80

▶ Réserve naturelle « Michel Brosselin » de Saint-Denis-du-Payré

La découverte de la réserve est organisée par le LPO.

LPO - Ferme de Choisy - 85580 Saint-Michel-en-L'Herm
Tél. : 02 51 56 14 69 - rn.saintdenisdupayre@lpo.fr

▶ Sébastien Palier

Animateur nature - Accompagnateur randonnées - Moniteur guide de pêche

7, rue de l'Océan - 85580 Saint-Denis-du-Payré
Tél. : 02 51 28 78 53 / 06 75 85 56 43

▶ Réserve biologique départementale de Nalliers-Mouzeuil

Des visites de la réserve sont organisées du 15 avril au 15 octobre (voir balade 5).

Maison de la Réserve
Les Huttes - 85370 Nalliers
Tél. : 02 51 30 96 22

▶ Réserve naturelle de la baie de l'Aiguillon

Pour tout renseignement :

Ferme de la Prée Mizottière
85450 Sainte-Radegonde-des-Noyers
Tél : 02 51 56 82 98
baie.aiguillon@espaces-naturels.fr

▶ Conservatoire régional des Espaces naturels de Poitou-Charentes

Le Conservatoire est gestionnaire des sites naturels dont il est propriétaire : réhabilitation, protection, valorisation… Il a aussi une vocation d'accueil et d'information du public.

44, boulevard Pont-Achard, 6e étage
86000 Poitiers
Tél. : 05 49 50 42 59
contact@cren-poitou-charentes.org
www.cren-poitou-charentes.org

▶ Comité Départemental du Tourisme de Charente-Maritime

Conseil Général
85, boulevard de la République
17076 La Rochelle Cedex 9
Tél. : 05 46 31 71 71
info@en-charente-maritime.com
www. en-charente-maritime.com

▶ Comité Départemental du Tourisme des Deux-Sèvres

6, rue de l'Abreuvoir - BP 8510 - 79025 Niort Cedex 9
Tél. : 05 49 778 779
tourisme@cdt79.fr
www.tourisme-deux-sevres.com

▶ Comité Départemental du Tourisme de Vendée

45, boulevard des États-Unis - BP 233
85006 La Roche-sur-Yon Cedex
info@vendee-tourisme.com
www.vendee-tourisme.com

Le Carnet du **naturaliste**

Faune du Marais poitevin

légende

- ▶ Signes distinctifs
- ● Habitat typique
- ▲ Migrateur

(Migrateur partiel : mouvement de population uniquement. L'espèce reste visible toute l'année).

- ✚ Période de présence dans la région

Mammifères

- Poids
- ↔ Longueur
- ↕ Hauteur

Oiseaux

- Poids
- ↔ Longueur
- ↕ Envergure

La longueur comprend, pour les mammifères et les oiseaux, la queue.

Cygnus olor : nom scientifique

Mammifères

Genette *Genetta genetta*

↔ 100 cm

▸ Taille d'un chat, silhouette fine et allongée, longue queue annelée, pelage strié de taches foncées

● Bois sec, bocages, paysages escarpés, garrigues…

Aussi insaisissable qu'agile, la genette est appelée dans certains endroits « chat-martre ». Ce surnom lui vient de son allure de chat et de son comportement semblable à celui d'une martre. Elle grimpe facilement aux arbres et s'y réfugie en cas de danger. Tous les jours, la genette se transforme en « **acrobate** » pour délimiter son territoire : elle fait le poirier pour laisser des traces odorantes ! Cette discrète cousine de la mangouste a la manie de laisser ses crottes au même endroit (appelé crottier).

Loutre *Lutra lutra*

Trace

6-17 kg
↔ 80-140 cm

▸ Corps et tête fuselés, longue queue épaisse

● Rivières, ruisseaux, marais, lacs, canaux…

Crotte ou épreinte

Excellente nageuse, la loutre poursuit habilement les poissons sous l'eau, ou fouille les recoins des berges pour les débusquer. **Très rare** et très **menacée**, elle fréquente les eaux, épargnées par la pollution. Au siècle dernier, la loutre était fréquente aux abords des rivières mais le piégeage intensif, la destruction de son habitat et la pollution ont réduit considérablement ses populations. La loutre est cependant présente dans l'ensemble du Marais poitevin.

Chauve-souris

3,5-8 kg
↔ 3-6 cm
↕ 18-24 cm

Pipistrelie commune
Pipistrellus pipistrellus

✚ Hiberne de novembre à mars

Les chauves-souris les plus communes sont aussi les plus petites : les pipistrelles. Nocturnes, ces **mammifères** chassent souvent autour des réverbères dont la lumière attire de nombreux moucherons et papillons. Elles peuvent dévorer en une soirée près de 30 % de leur poids en **insectes**. Des scientifiques ont calculé qu'une espèce cousine de la pipistrelle, le murin de Daubenton, mangeait quelque 60 000 moustiques de mai à octobre !

Comme toutes les chauve-souris insectivores, la pipistrelle est équipée d'un système de radar à **écholocation** pour se diriger dans l'obscurité. Elle émet en effet des ultrasons qui sont renvoyés par les obstacles ou les proies (comme un écho). Certaines chauves-souris impatientes sortent un peu avant le crépuscule, mais elles se cachent généralement le jour dans les arbres creux, les grottes, les greniers… et parfois derrière des volets.

Chevreuil

Capreolus capreolus

15-30 kg
95-135 cm

Pelage d'hiver

Faon

Chevrette

Brocard

Gestes vifs, corps fin et allure élancée, le chevreuil est nettement plus petit que le cerf. Il est essentiellement solitaire même s'il lui arrive de former de petits groupes, surtout en hiver. Le **brocard** (chevreuil mâle) marque son territoire en frottant ses bois contre de jeunes arbres (frottis) ou en grattant la terre avec ses sabots (grattis).
Il perd chaque automne ses bois. Ceux-ci repoussent à partir de l'hiver et sont opérationnels pour la saison de reproduction (lutte entre les mâles), en été. La **chevrette** élève seule ses deux petits faons, ou chevrillards. Lorsqu'il est inquiet, le chevreuil émet une sorte d'**aboiement** qui rappelle celui du chien. Le crépuscule et l'aube sont des moments privilégiés pour l'observer brouter en lisière de forêt : le reste de la journée, il vit caché dans les bois ou, de plus en plus fréquemment, au milieu des champs.

▶ Petit cervidé à museau court marqué de noir ; en fuite grande tache claire sur le croupion (miroir)

● Alternance de forêts et de terrains dégagés

Chevreuil

Sanglier *Sus scrofa*

60-150 kg
150-160 cm

Bête rousse

Adulte

Marcassin

▶ Corps massif et tête imposante

● Forêts, taillis, bois, marais

Les sangliers vivent dans une **compagnie** dirigée par une femelle dominante. Les vieux mâles, eux, préfèrent la solitude. Essentiellement végétarien, quoique omnivore, le sanglier laboure la terre de son **groin** à la recherche des glands, des racines, des champignons… qui constituent sa nourriture. Son menu varie selon les saisons. Affamé, il peut causer des dégâts aux cultures. La **laie** (femelle du sanglier) construit un nid pour mettre au monde ses marcassins : le **chaudron**. Rien à voir avec celui de Panoramix ! C'est un amas de feuilles et de branches qu'elle a entassé et creusé. Les **marcassins** y restent quelques jours. Plus tard, et jusqu'à l'âge de six mois, le jeune sanglier s'appelle « bête rousse », puis à un an « bête noire ». Contrairement à certaines croyances, le sanglier ne fait pas de grands déplacements : lorsqu'ils s'émancipent, les jeunes s'installent généralement à moins de 10 kilomètres de leur compagnie.

Marcassin

Sanglier

Petits carnivores

Mustélidés

Les mustélidés sont de petits mammifères **carnivores** au corps allongé. La **belette** et l'**hermine** en sont les deux plus **petits** représentants. Toutes deux parviennent à se faufiler dans les galeries de campagnols. La **fouine**, plus grosse, préfère les villes et les villages. Le **putois** européen n'a rien à voir avec la célèbre mouflette des États-Unis, héroïne de nombreux dessins animés… Mais il peut lui aussi émettre une odeur nauséabonde lorsqu'il est blessé ou stressé. Ces animaux ont la **réputation** d'être sanguinaires, cruels et nuisibles, ce qui est faux. **Prédateurs** naturels des petits rongeurs, ils ont leur **rôle** dans l'équilibre naturel.

La laissée des mustélidés est noueuse et en pointe.

Fouine

Martes foina

▶ Bavette blanche et fourchue qui descend jusque sur les pattes de devant, truffe rose

● Généralement à proximité des habitations

1,3-2,1 kg
65-77 cm

Putois

Mustela putorius

▶ Reconnaissable à son masque, museau, pointe des oreilles et sourcils blancs jaunâtres

● Zones humides, bords de cours d'eau, haies…

0,5-1 kg
45-65 cm

Hermine

Mustela erminea

▶ Ressemble à la belette sauf l'extrémité de sa queue qui est noire

● Haies, lisières, jardins, bois…

200 g
25-45 cm

Pelage d'hiver

Belette

Mustela nivalis

▶ À peine plus gros qu'un campagnol ! Plus petit carnivore d'Europe

● Parcs, prairies, jardins, forêts, haies, champs, friches…

40-130 g
17-27 cm

Mulot

Blaireau *Meles meles*

10-20 kg
↔ 80-90 cm

Sous son air pataud, le blaireau cache un tempérament **vif** et nerveux. Classé dans la famille des mustélidés, il n'en a pourtant pas l'aspect. Grâce à ses puissantes pattes avant, le blaireau creuse des **terriers** où il demeure durant la journée. Vous pourrez facilement les reconnaître : les entrées des galeries, d'un diamètre d'au moins 25 centimètres, sont surmontées d'un tas de déblais ou d'herbes de litière ; des traces de pas sont parfois visibles. Souvent, les terriers sont regroupés en un même endroit appelé **village** car le blaireau vit en clan, généralement familial. Ses mœurs nocturnes en font un animal discret. Sa nourriture est variée : vers, charognes, insectes, rongeurs, fruits, etc. Les gazages systématiques pratiqués durant de nombreuses années (aujourd'hui interdits par la loi) ont fait nettement régresser les populations de ce sympathique mammifère. Myope, mais doté d'un **odorat** infaillible, le blaireau est difficile à surprendre. Pour l'observer, placez-vous près de son terrier avant la fin du jour, toujours face au vent, ou mieux, perchez-vous dans un arbre.

▶ Massif, corps plutôt aplati, tête noir et blanc, dos gris

● Forêts, bois, prairies, haies…

Blaireaux à la sortie du terrier. Hésitation et méfiance sont de rigueur.

Le blaireau dépose ses crottes dans un « pot », petit trou dans le sol, contrairement au renard, qui les pose en évidence au milieu des chemins.

Renard *Vulpes vulpes*

4-10 kg
↔ 120-140 cm

Assez répandu, le renard est un prédateur opportuniste qui mange tout ce qui lui tombe sous la dent : campagnols, oiseaux, charognes, fruits, insectes, etc. Il lui arrive même de faire les poubelles lorsqu'il habite à proximité d'habitations. C'est au petit matin ou au crépuscule qu'il part en maraude mais on peut le surprendre la journée quand il élève ses petits ou quand il neige. Le renard loge dans des terriers qu'il creuse ou dans des cavités abandonnées. Il n'est pas rare de le voir habiter au milieu d'un village de blaireaux. Vous pourrez cependant reconnaître un terrier habité par un **goupil** : une odeur désagréable s'en dégage ! Souvent victime de la rage, l'espèce a été longtemps et inutilement **persécutée**. Aujourd'hui, les cas de rage sont rarissimes grâce aux campagnes de vaccination opérées depuis les années 80.

Renardeau et renarde

▶ Semblable à un petit chien, pelage roux, longue queue touffue

● Fréquente toutes sortes de milieux

Ragondin *Myocastor coypus*

▸ Rongeur de grande taille

● Étangs, rivières, lagunes, marais, etc.

6-9 kg

↔ 65-105 cm

Originaire d'Amérique du Sud, le ragondin a été **importé** en France pour sa fourrure. Après s'être échappé des élevages, il ne s'est pas gêné pour coloniser la plupart de nos régions. **Aucun prédateur** indigène n'ayant pu l'arrêter, il a proliféré. Le myocastor (son autre nom) crée des dégâts dans de nombreuses berges à force d'y creuser des **terriers**, jusqu'à entraîner leur effondrement. Il fait l'objet d'un piégeage efficace dans le Marais poitevin.

Rat musqué *Ondatra zibethica*

▸ Beaucoup plus petit que le ragondin

● Étangs, canaux, rivières et ruisseaux calmes, marais…

Comme le ragondin, le rat musqué est redouté pour ses **terriers**, qui fragilisent les berges, et, comme lui, il a été importé du continent américain (Amérique du Nord). Il a commencé à coloniser la France à partir des années 30, et devrait couvrir bientôt l'ensemble du territoire. En plus des terriers, le rat musqué sait construire, comme le castor, d'étonnantes **huttes** dépassant parfois un mètre de haut. Vous aurez sans doute l'occasion de le croisez au cours de vos balades.

0,8-1,5 kg

↔ 65-105 cm

Surmulot *Rattus norvegicus*

280-550 g

↔ 35-50 cm

▸ Gros rat au ventre gris-blanc et au dos gris à brun noirâtre

● Bâtiments, fermes égout, etc. Bords des cours d'eau

Rat gris ou **rat d'égout** sont autant de noms qui désignent le surmulot. Originaire d'Asie, il s'est répandu en Europe à partir du XVIe siècle, et prospère désormais partout où vit l'homme. Il paraîtrait qu'il joue un rôle dans l'élimination des déchets, et que sans lui les égouts de Paris seraient saturés ! Surtout nocturne, le surmulot vit en **famille** organisée hiérarchiquement. Les bagarres sont fréquentes car la domination de l'un est souvent convoitée par l'autre. L'homme a souvent à se plaindre de ses dégâts : il souille la nourriture, **ronge** n'importe quoi (fils électriques, béton, brique, aluminium…) et n'hésite pas à devenir très agressif en cas de danger. Les chats n'ont pas toujours le dernier mot !

Campagnols

Microtus sp., arvicola sp., clethrionomys sp.

Il existe de nombreuses espèces de campagnols : terrestre, roussâtre, amphibie… Tous creusent des galeries et sont très friands de graines, de racines… et de céréales cultivées par l'homme. Les campagnols ont le pouvoir de se reproduire massivement lorsque la nourriture est abondante : les **pullulations**. Cela attire tout un cortège de prédateurs : renards, belettes, buses, chouettes…

Campagnol amphibie

15-35g
↔ 12-19 cm

Campagnol roussâtre

▶ Petits yeux, museau rond, oreilles courtes ; gris, ocre ou brun

● Forêts (roussâtre), cultures (des champs), cours d'eau (amphibie)…

Souris et mulots

Mus sp., apodemus sp.

Ils se ressemblent énormément. Les **souris** préfèrent la vie aux côtés des hommes tandis que les **mulots** sont davantage forestiers. Ces petits rongeurs se distinguent par leur incroyable capacité de **reproduction**. Imaginez qu'une souris grise peut se reproduire jusqu'à 10 fois dans une année. Sachant que chaque portée compte jusqu'à 8 petits qui, eux aussi, pourront se reproduire au bout de six semaines, faites le calcul… et cachez vos provisions !

Le **rat des moissons** ressemble à une minuscule souris qui vit dans les herbes des zones humides et des prairies et dans les cultures de maïs du Marais poitevin.

▶ Grandes oreilles et longue queue

● Habitations (souris), forêts, campagne, haies (mulot)

Souris grise

15-35g
↔ 14-23 cm

Mulot

Loir et lérot

Son masque de cambrioleur lui donne une allure sympathique mais la vie **nocturne** du lérot vous donnera rarement l'occasion de l'admirer. Le **loir** gris, lui aussi nocturne, est un fameux grimpeur. Autrefois,les Romains l'élevaient et l'engraissaient pour le manger…

Si les fourmis laissent derrière elles des molécules chimiques qui permettent à leurs consœurs de les suivre partout, le **lérot** se distingue par une tout autre méthode : il s'enduit les pattes de quelques gouttes d'urine qui serviront de traces odorantes. Le lérot et le loir **hibernent** en général d'octobre à avril-mai.

↔ 20-30 cm

Lérot

Eliomys quercinus

▶ « Masque de bandit », pinceau à l'extrémité de la queue

● Foret, villages, vergers, jardins…

↔ 28-35 cm

Loir gris

Glis glis

▶ Gris, oreilles courtes, grands yeux noirs, queue touffue

● Forets, vergers, cabanes, maisons…

Lièvre *Lepus europæus*

▶ Longues oreilles aux extrémités noires, grandes pattes arrière

● Champs, prairies, forêts

3-6 kg
50-85 cm

Crotte de lièvre

Le lièvre, plus grand que le lapin de garenne, ne creuse **aucun terrier**. Il gratte légèrement le sol et s'y tapit toute la journée. Son pelage couleur de terre lui offre un excellent camouflage : vous pourriez passer à quelques mètres de lui dans un champ sans même le voir et surtout sans qu'il bouge le moindre poil ! Habituellement **solitaires**, les lièvres se rassemblent au printemps pour le rut. Les mâles se transforment alors souvent en boxeur pour attirer l'attention des femelles…

1,5-2,5 kg
40-50 cm

Lapin de garenne *Oryctolagus cuniculus*

Sociable, le lapin vit en petit groupe dans des galeries qu'il creuse lui-même. L'ensemble de ses terriers forme une **garenne**. À proximité, vous trouverez sans difficulté le **pétouiller**. Ce nom évocateur désigne le crottoir collectif des lapins. Le lapin broute habituellement de l'herbe. Mais, lorsque l'hiver est rude et que la végétation se fait rare, il n'hésite pas à manger l'écorce des jeunes arbres, provoquant des dégâts dans les plantations et l'irritation des jardiniers. Il peut se reproduire 4 à 6 fois par an, avec 3 à 8 petits par portée, d'où sa réputation d'animal « chaud » et sa relative abondance. Vous pourrez l'observer en journée bien qu'il soit plus actif la nuit. Ses populations peuvent être décimées localement par deux maladies : la **myxomatose** et le **VHD**.

▶ Oreilles brun et rose ; en fuite queue blanche très voyante

● Lisières, landes et friches

Écureuil *Sciurus vulgaris*

▶ Longue queue touffue, pinceaux de poils sur les oreilles, bon grimpeur

● Forêts, bois, parcs

Pelage hivernal grisâtre

Chaque automne, l'écureuil fait des **provisions** qu'il enterre ici et là. Mais il sera bien incapable de toutes les retrouver : il contribue ainsi à la dissémination des espèces. Presque exclusivement arboricole, l'écureuil fabrique des **nids** en forme de boule au creux des branches d'arbre, à partir de rameaux, de mousse et de feuilles mortes. Sa nourriture est essentiellement composée de fruits secs : cônes de pin, glands, noisettes, etc. En hiver, son joli pelage roux se remarque facilement au milieu des arbres privés de feuilles.

250-400 g
35-45 cm

Insectivores

0,5-1,2 kg
22-28 cm

Hérisson *Erinaceus europæus*

Alors que le mammouth et le tigre à dents de sabre ont disparu depuis longtemps de la surface du globe, le hérisson, qui existait largement avant eux, a su **traverser** les millions d'années qui nous séparent de ces temps reculés. Son dos hérissé de près de **5 000 piquants** lui a facilité la tâche. Mais, aujourd'hui, le hérisson est confronté à un danger bien moderne : les roues des voitures… La disparition des haies et l'utilisation massive des insecticides ne lui sont pas favorables non plus. Nocturne, il déambule la nuit à la recherche de vers de terre et de divers insectes. La proximité des habitations ne lui fait pas peur et il aime chasser dans les pelouses rases des jardins. Il hiberne de novembre à mars.

▶ Dos hérissé de piquants

● Bois, bocages, parcs, forêts, prairies…

Taupe *Talpa europæa*

100 g
14-20 cm

Véritable mineur de fond, la taupe est spécialement équipée pour vivre sous terre : ses pattes avant ressemblent à de petites **pelles** qui lui permettent de creuser tout un réseau de galeries. Malgré sa mauvaise vue (« myope comme une taupe » n'est pas une légende !), la taupe repère facilement sa principale nourriture : les **vers de terre**. Son ouïe fine et les tunnels souterrains qui font écho du moindre bruissement de lombric lui permettent de localiser avec précision ses proies.

▶ Pattes avant très développées, petits yeux

● Présente un peu partout dans les sols meubles

Taupinière

Musaraignes *Crocidura sp., sorex sp., neomys sp.*

Il existe **plusieurs espèces** de musaraignes, dont la **musaraigne aquatique** (ou crossope aquatique), commune dans le Marais poitevin. Derrière leurs allures de souris se cachent de véritables prédateurs. Insectes, araignées, mollusques et autres mille-pattes font les frais de leur appétit. Les musaraignes creusent des galeries et font des nids sous les arbres. En famille, elles se déplacent en **caravane** : chaque petit s'accroche à la queue de son prédécesseur, et le premier à la queue de la mère. Du fait de sa petite taille, la musaraigne est la proie des carnivores mais son odeur **musquée** se révélant écœurante, elle est aussitôt recrachée. Il n'est pas rare ainsi de tomber sur un cadavre de musaraigne.

▶ Museau allongé et pointu, petites oreilles

● Habitat varié, à couvert végétal dense (herbes ou feuilles)

6-14 g
9-14 cm

Ne pas confondre

Musaraigne

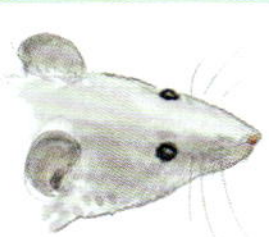

Souris

Campagnol

Oiseaux de **plaine**

Sur le bassin versant du Marais poitevin, constitué de plaines céréalières calcaires, subsistent encore les plus emblématiques des oiseaux de milieux ouverts.

Outarde canepetière

Urgence

L'espèce la plus menacée est l'outarde canepetière. Elle est au bord de l'extinction en Poitou-Charentes, dernier bastion de la population migratrice de l'Hexagone. De 10 000 mâles chanteurs en 1980, la France n'en compte plus qu'un peu plus d'un millier, vingt-cinq ans après.
La régression des cultures liées à l'élevage (prairies, luzernes), l'agrandissement des parcelles, les travaux de remembrement et l'évolution des techniques agricoles sont les principales causes de ce déclin. Seules des cultures appropriées, conduites de manière spécifique, peuvent permettre de sauver cette espèce. L'urgence est telle qu'une mobilisation de tous est indispensable.

Vous avez dit busard ?

Busard cendré

Le **busard cendré**, a trouvé dans le paysage agricole des plaines du Marais, des milieux de substitution pour nicher. Il fréquentait autrefois les marais, les landes, les vastes prairies... dont une grande partie a aujourd'hui disparu. Les **cultures céréalières**, notamment le blé, abritent plusieurs dizaines de couples de ce svelte rapace migrateur qui arrive des régions transsahariennes dans la première quinzaine d'avril.
Le busard cendré niche en colonies plus ou moins lâches. Dans le centre-ouest français, il est spécialisé sur le campagnol des champs. Les effectifs et les succès reproducteurs des busards coïncident en effet avec les cycles de ce rongeur. Les populations de busard cendré, dont les bastions sont la France et l'Espagne, se maintiennent uniquement grâce à la **protection active** de leurs nichées dans les céréales. Le parc interrégional du Marais poitevin coordonne les actions de sauvegarde sur l'ensemble du territoire. Le busard cendré se reproduit aussi sur les polders de la baie de l'Aiguillon.

L'œdicnème criard se rencontre dans les labours, les cultures rases, les semis ou les vignes des plaines du Marais poitevin

Mimétisme

L'**œdicnème criard** se repère surtout aux longs cris plaintifs qu'il pousse le plus souvent au crépuscule et pendant la nuit. Le **mimétisme** de son plumage avec le milieu dans lequel il évolue rend ce limicole difficile à observer. Cet oiseau aux grands yeux jaunes se rencontre assez fréquemment dans les cultures rases, les labours, les semis ou les vignes des plaines du Marais. Les principales menaces pesant sur cette espèce sont liées aux travaux agricoles qui détruisent souvent ses nichées et à la raréfaction de ses ressources alimentaires, constituées d'insectes, de mollusques, de vers.

Groupe Ornithologique des Deux-Sèvres

L'ornithologie est une science, mais aussi, pour de nombreux amateurs, une passion. Connaître et reconnaître les oiseaux suppose quelques connaissances de base (voir ci-dessous)… et, bien sûr, de la pratique.

Migrateurs et nicheurs

Parmi les oiseaux, il y a les sédentaires et les migrateurs. Certains migrateurs comme le coucou ou le rossignol vont passer l'hiver très loin en Afrique, d'autres, appelés migrateurs partiels, se contentent, comme les grives, de changer de région ou de contrée pour avoir plus chaud ou trouver plus de nourriture.

Le chant des oiseaux

Le chant des oiseaux a une fonction notamment territoriale. Les concerts sont à leur maximum d'intensité au printemps, pendant la période nuptiale. En été, les oiseaux qui couvent se font plus discrets. Reconnaître le chant des oiseaux est bien utile mais exige de la patience !

Plumages

Les plumages peuvent s'avérer trompeurs quand l'oiseau mue. C'est pourquoi le milieu d'observation, la saison ainsi que les attitudes sont de très bons indices pour reconnaître un oiseau.

Observer et reconnaître un oiseau

Pour repérer un oiseau, fiez-vous plus à l'ouïe qu'à la vision. C'est pourquoi il est important de rester silencieux et attentif aux sons de la nature.

Vous souhaitez le regarder de près ? Cherchez-le à l'œil nu, portez les jumelles à vos yeux puis réglez-les (plutôt que de fouiller la végétation avec les jumelles sur le nez).

En observant un oiseau, essayez de mémoriser les détails caractéristiques. Les personnes qui reconnaissent facilement les oiseaux ont également passé du temps le nez dans les livres.

Rossignol

Corneille noire en mue

Jeune merle noir mâle. Plumage de jeune sur la tête, d'adulte pour le reste.

Canard colvert mâle, plumage nuptial

Canard colvert mâle en mue (plumage dit d'éclipse)

Oiseaux d'eau

Échassiers

Les **hérons** (protégés depuis 1976) se nourrissent de poissons qu'il pêchent à l'affût. À la vitesse de l'éclair, le cou se détend et le bec, en forme de poignard, transperce la victime. Le **héron cendré** est très commun dans le Marais poitevin, tout comme le **héron pourpré**, plus petit. L'**aigrette garzette** procède de même, avec quelques cabrioles d'approche en plus. Le **héron gardebœufs** doit son nom à l'habitude qu'il a de se percher sur les bovins ! Le **bihoreau gris** est un héron discret qui se déplace surtout la nuit.

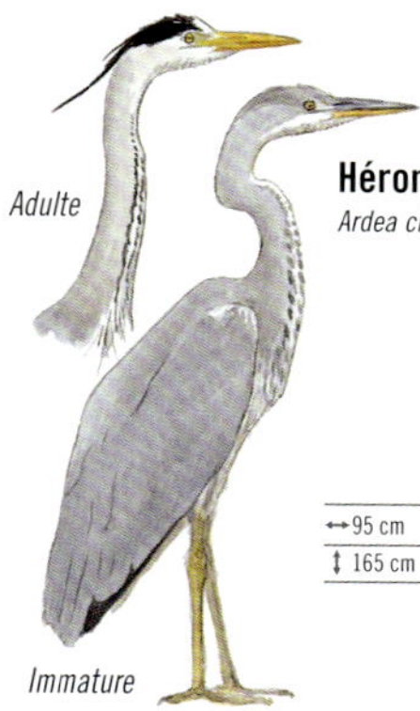

Héron cendré
Ardea cinerea

↔ 95 cm
↕ 165 cm

↔ 110 cm
↕ 140 cm

Héron pourpré
Ardea purpurea

↔ 60 cm

Aigrette garzette
Egretta garzetta

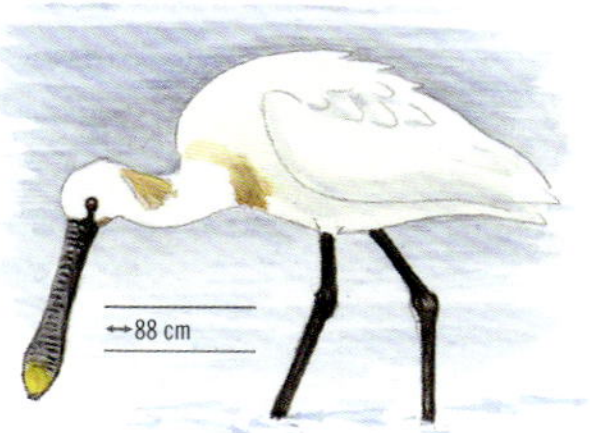

↔ 88 cm

Spatule blanche
Platalea leucorodia

↔ 65 cm
↕ 110 cm

Héron bihoreau gris
Nycticorax nycticorax

↔ 50 cm
↕ 90 cm

Héron gardebœufs
Bubulcus ibis

Cigogne blanche
Ciconia ciconia

↔ 115 cm
↕ 180-210 cm

Grèbes

Représentés le plus souvent sur les étangs par le **grèbe huppé** et le **grèbe castagneux**, les grèbes forcent l'admiration par leur élégance et leur formidable adaptation au milieu aquatique. Comme un sous-marin, ils disposent de poches dans le plumage qu'ils utilisent comme ballast. Leurs pattes, situées à l'arrière du corps, jouent le rôle d'hélice à propulsion : le grèbe peut ainsi atteindre sous l'eau la vitesse de 2 mètres par seconde !

Castagneux d'hiver
Castagneux d'été

Grèbe huppé
Podiceps cristatus

▶ Huppe et collerette bien apparentes seulement en été

● Lacs, étangs, rivières calmes…

Grèbe castagneux
Tachybptuas ruficollis

▶ Petite taille, plumage peu coloré

● Étangs, rivières…

Rallidés

La famille des rallidés comprend des espèces très communes comme la **foulque** et la **poule d'eau**, et d'autres plus rares comme le râle d'eau ou les marouettes, ou encore franchement en voie de disparition comme le **râle des genêts**. La foulque et la poule d'eau sont habituées aux étangs des **parcs publics**. Observez-les, vous trouverez des détails amusants sur ces oiseaux étrangement adaptés à la vie aquatique ! Plongeons poussifs, pattes énormes…
En scrutant la végétation avec vos jumelles, vous pourrez peut-être observer les poussins de la **poule d'eau** au crâne d'un **rouge** intense. Cette couleur vive incite les parents à les nourrir et disparaîtra à mesure que les jeunes trouveront eux-mêmes leur nourriture.
Invisible parmi la végétation aquatique, le **râle d'eau** trahit pourtant sa présence par un surprenant éclat de voix, comme si l'on égorgeait un pauvre **porcelet** ! Dans la journée, il se faufile dans l'enchevêtrement de roseaux pour picorer çà et là sa nourriture : insectes, têtards, grenouilles, graines... Il lui arrive même de piller le nid d'autres oiseaux. C'est au crépuscule ou au petit matin surtout que vous pourrez l'observer. À ces heures, s'il est rassuré, le râle s'aventure à découvert pour prendre ses repas.

Foulque macroule
Fulica atra

▶ Bec et plaque frontale blancs, corps noir

● Lacs, étangs, rivières, bassins…

Poule d'eau
Gallinula chloropus

▶ Bec rouge à pointe jaune, queue bordée de blanc

● Mares, étangs, rivières avec végétation sur les berges

Râle d'eau
Rallus aquaticus

▶ Long bec rouge, flancs barrés de noir, dessus brun moucheté de noir, côté gris-bleu

● Zones humides, roselières, bordures de rivières à végétation dense

Canards et anatidés

Certaines espèces nichent chez nous. Mais c'est lorsqu'une vague de froid hivernal sévit dans le nord de l'Europe que de nombreux oiseaux d'eau descendent dans nos régions, là où les plans d'eau ne sont pas encore gelés. C'est le **froid de canard**… Le moment est idéal pour l'observation des anatidés (la famille des canards) sur les étangs. Souchets, pilets, sarcelles, milouins, morillons… forment des groupes souvent composés d'espèces différentes. Canards plongeurs et canards de surface se côtoient au milieu des foulques et des grèbes. À vos jumelles !

Fuligule milouin
Aythya ferina

Canard pilet
Anas acuta

Canard chipeau
Anas strepera

Canard souchet
Anas clypeata

Canard siffleur
Anas penelope

Sarcelle d'été
Anas querquedula

Canard colvert
Anas platyrhynchos

Sarcelle d'hiver
Anas crecca

Fuligule morillon
Aythya fuligula

Tadorne de Belon
Tadorna tadorna

Cygne tuberculé
Cygnus olor

Oie cendrée
Anser anser

Limicoles

D'une taille petite à moyenne, les limicoles sont équipés pour vivre et se nourrir sur les **sols gorgés d'eau** : marais, estuaires… La longueur de leurs pattes leur permet de progresser dans la vase et dans l'eau peu profonde sans difficulté. La plupart fouillent la vase de leur long bec pour se nourrir. Les plages, les estuaires, les grandes étendues de terre mises à nue par la marée sont des endroits privilégiés pour les observer. N'oubliez pas les étangs, dont le niveau d'eau a baissé, et qui laissent apparaître de grandes plages de vase : les vasières. Barges, courlis, avocettes, échasses, chevaliers et tant d'autres trottinent sur ces grandes zones dégagées à la recherche de petits invertébrés, de coquillages et de vers. Souvent difficiles à différencier, beaucoup d'espèces nichent dans le nord de l'Europe et ne font que passer dans notre pays.

Courlis

Échasse blanche

Courlis

Chevalier gambette

Bécasseau variable

Échasse blanche

Avocette

Barge à queue noire

Le vanneau huppé

Un groupe d'oiseaux est posé dans un champ… il ne s'agit ni de corbeaux, ni d'étourneaux. Ce sont plusieurs dizaines de vanneaux huppés qui parcourent les labours à la recherche de vers et d'insectes. Vous les observerez souvent ainsi en hiver. Parfois d'autres limicoles se mêlent à eux. Ouvrez l'œil !

↔30 cm

Vanneau huppé

↔20 cm

Chevalier guignette

↔16 cm

Petit gravelot

↔25 cm

Bécassine des marais

↔33 cm

Bécasse

Vanneau huppé
Vanellus vanellus

▶ Oiseau noir et blanc, longue huppe

● Champs, prairies humides, marais, landes…

▲ Migrateur partiel

Petit gravelot
Charadrius dubius

▶ Tête masquée de noir, collier blanc et noir

● Berges et îlots

▲ Migrateur

✚ Mars-octobre

Chevalier guignette
Actitis hypoleucos

▶ Bec fin, plumage terne, balance le corps

● Rivières, étangs…

▲ Migrateur

✚ Avril-octobre

Bécassine des marais
Gallinago gallinago

▶ Long bec, bandes jaunes sur le dos

● Marais, prairies humides…

▲ Migrateur partiel

Bécasse
Scolopax rusticola

▶ Plumage roux strié de sombre

● Forêts aux sols humides

Mouette rieuse *Larus ridibundus*

Plumage nuptial

▶ Pattes palmées, corps blanc, ailes grises, cagoule noire sur la tête (février-juillet)

● Étangs, lacs, marais, fleuves, côtes…

↔36 cm

Voici enfin un oiseau dont les populations se portent bien. La mouette rieuse a su en effet profiter de l'activité humaine. Elle hiverne sur les étangs, parfois à l'intérieur des terres, et n'hésite pas à **s'éloigner de l'eau**. Les mouettes rieuses ont un **appétit** énorme : elles peuvent avaler jusqu'à leur propre poids de nourriture par jour !

Goélands

Hardi et habile voilier, les goélands sont des **profiteurs**. Qu'ils saisissent un mollusque et le laisse tomber pour casser sa coquille ou qu'il profitent des dépotoirs à ciel ouvert, les goélands sauront toujours vous étonner par leur faculté d'adaptation : à la fois pirate, pillard, éboueur et prédateur. Les goélands sont très répandus le long des côtes et des fleuves. Ils sont présents sur le littoral du Marais poitevin, dans la baie de l'Aiguillon.

Goéland leucophée

Larus cachinnans

▶ Taille d'une buse, beige et tacheté (jeune), gris et blanc (adulte)

● Fleuves, grands lacs, proximité des agglomérations…

↔56 cm

Goéland leucophée

Immature

Goéland argenté

Larus argentatus

▶ Taille d'une buse, jeune beige et tacheté, adulte gris et blanc

● Bord de mer, fleuves, grands lacs…

Goéland brun

Larus fuscus

▶ Manteau gris foncé-noir et pattes jaunes

● Bord de mer, fleuves

Goéland marin

Larus marinus

▶ Gros goéland à manteau noir, pattes chair

● Bord de mer

↔68 cm

Goéland marin

↔56 cm

Goéland argenté

Goéland brun

↔53 cm

Immature

Sternes

Présentes le long du littoral atlantique, les sternes sont des oiseaux migrateurs au long cours qui parcourent plusieurs milliers de kilomètres durant leurs voyages. Destination : l'Afrique occidentale. Un **corps effilé** et de longues ailes leur permettent mille acrobaties aériennes. En un éclair, les sternes plongent et disparaissent sous l'eau ! C'est ainsi qu'elles pêchent leur nourriture favorite, les petits poissons. Leur longue queue échancrée à la façon des hirondelles leur a valu un autre nom : **hirondelle de mer**.

Mode de pêche typique

↔ 40 cm

Sterne caugek

↔ 33 cm

Sterne pierregarin

Sterne pierregarin
Sterna hirundo

▶ Petite mouette au vol souple et élastique, toujours au-dessus de l'eau

● Littoral, bancs sableux, fleuves, étangs

▲ Migrateur

✚ Mars-octobre

Sterne caugek
Sterna sandvicensis

▶ Long bec noir, pointu et jaune à son extrémité, corps très pâle, bonnet et pattes noirs

● Littoral sableux et caillouteux, toujours le long des rivages

▲ Migrateur

✚ Mars-octobre

Grand cormoran
Phalacrocorax carbo

Spécialiste de la **chasse sous-marine**, le grand cormoran plonge et nage parfaitement pour capturer son mets favori : les poissons. Paradoxe de la nature, son **plumage** n'est pas imperméable comme celui de la plupart des oiseaux d'eau ! Vous aurez sans doute l'occasion de l'observer dans une position cocasse : perché sur une branche ou un piquet, immobile et les ailes écartées, on dirait que le cormoran attend que ses plumes sèchent…

↔ 90 cm
↕ 145 cm

▶ Plumage presque entièrement noir, menton blanchâtre

● Bords de mer, littoral, fleuves et rivières, étangs et lacs

▲ Migrateur partiel

Cormorans en vol

Buse variable *Buteo buteo*

↔55 cm
↕120 cm

▶ Plumage très variable, queue arrondie en vol plané, ailes larges
● Campagne cultivée, lisières de forêts, bois…

Plumage clair, sombre, intermédiaire… la buse variable porte bien son nom. Commune, vous l'observerez souvent perchée sur les poteaux ou les piquets. Elle chasse à l'affût essentiellement les campagnols mais elle ne dédaigne pas les insectes, les serpents et les charognes. Ses **larges ailes** lui permettent de planer en dessinant de vastes cercles dans le ciel. La buse variable niche au sommet des grands arbres.

Claire

Bondrée apivore *Pernis apivorus*

↔55 cm
↕130 cm

▶ Plumage variable
● Forêts, bosquets
▲ Migrateur
✚ Mai-octobre

La bondrée apivore doit son nom à sa spécialité : déterrer les **nids d'insectes**, de guêpes, de bourdons et d'abeilles. Postée sur un arbre, elle surveille avec intérêt les allées et venues des insectes qui finiront par lui indiquer l'emplacement de leur nid. La bondrée se nourrit surtout de **larves** d'hyménoptères (abeilles, guêpes…). L'implantation de ses plumes sur la tête la protègent des piqûres d'insectes. Vous l'observerez surtout en vol : elle ressemble beaucoup à la buse. Les barres sombres de la queue et sa petite tête vous permettront de l'identifier.

Busards *Circus sp.*

▶ Vol louvoyant près du sol ; mâle gris et pointe des ailes noire ; femelle ocre striée de noir ou brun uniforme (busard des roseaux)
● Champs, landes, marais…
▲ Migrateurs partiels

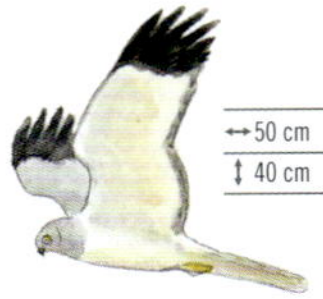

↔50 cm
↕40 cm

Busard Saint-Martin mâle

Rapaces menacés, les **busards Saint-Martin**, les **busards cendrés** et les **busards des roseaux** nichent au sol. Les champs de blé, d'orge ou d'avoine ont remplacé les milieux qu'ils fréquentaient autrefois : marais, landes, grandes prairies… La femelle couve pendant que le mâle chasse. Vous aurez peut-être la chance d'assister à cette scène typique : le mâle, un rongeur dans les serres, s'approche du nid pour ravitailler la femelle. Celle-ci s'élève dans les airs et rattrape en plein vol la proie lâchée par son compagnon. Malheureusement, les nichées sont fréquemment victimes du passage précoce des moissonneuses-batteuses.

Busard Saint-Martin ou cendré femelle

Busard cendré mâle

Busard des roseaux mâle

Busard des roseaux femelle ou immature

Pèlerin

Hobereau

Crécerelle

Épervier d'Europe femelle

Hobereau en chasse

Faucons

« Recordbird » de **vitesse** en piqué, le faucon pèlerin fond sur sa proie à la vitesse vertigineuse de 270 km/h ! Perché du haut de sa falaise, il guette… Qu'un oiseau semble malade et voici que le pèlerin prend de l'altitude pour mieux piquer. Souvent, la violence du choc suffit à tuer la proie. **Rare** et menacé, il a bien failli disparaître, notamment à cause de pesticides comme le DDT (aujourd'hui interdit), qui provoquaient sa stérilité ! Célèbre pour ses chasses spectaculaires, le **faucon hobereau** est particulièrement visible à la fin de l'été, aux alentours des étangs. Il s'y rend au crépuscule et sème la panique dans les dortoirs d'hirondelles. Le très commun **faucon crécerelle** se repère a son vol sur place, dit en « Saint-Esprit », quand il bat vigoureusement des ailes pour se stabiliser au-dessus d'un rongeur, avant de piquer dessus.

Pèlerin

↔ 42 cm
↕ 90 cm

↔ 34 cm
↕ 75 cm

Crécerelle

Hobereau

↔ 33 cm
↕ 90 cm

Faucon pèlerin

Falco peregrinus

▶ Dessous clair barré de sombre, ailes pointues, queue courte

● Falaises

▲ Migrateur partiel

Faucon hobereau

Falco subbuteo

▶ Longues ailes pointues, gris dessus, tâche rousse à la base des pattes

● Forêts, bosquets, marais

▲ Migrateur

✚ Avril-octobre

Faucon crécerelle

Falco tinnunculus

▶ En vol, allure de pigeon élancé

● Campagne cultivée, villes, milieux ouverts…

Vol sur place

Épervier d'Europe *Accipiter nisus*

De son vol rapide et imprévisible, l'épervier rase les haies à la recherche de ses proies favorites : les **oiseaux**. Il se comporte parfois en véritable **kamikaze** lorsqu'il plonge à une allure folle dans des buissons épineux pour saisir un passereau. Sans doute emporté par son élan, il arrive qu'il s'éventre sur une branche ! Les femelles de l'épervier sont beaucoup plus grosses que les mâles. Les couples nichent dans de grands arbres et construisent parfois leur **aire** (nid de rapace) sur les fondations d'un vieux nid de geai.

Femelle

↔ 30-38 cm
↕ 60-80 cm

Mâle

▶ Longue queue barrée de noir, ailes courtes, poitrine et ventre striés, vol nerveux

● Bocages, campagne cultivée, forêts…

- ▶ Clair, longues ailes, le plus souvent tête sombre (variable), articulations des ailes toujours claires (« les poignets »)
- ● Terrains rocailleux, secs et ensoleillés
- ▲ Migrateur
- ✚ Mars-octobre

Circaète Jean-le-Blanc *Circaetus gallicus*

↔ 62-67 cm
↕ 130-195 cm

Le circaète doit son nom à la pâleur de son plumage. Il s'est spécialisé dans la chasse aux **reptiles** : vipères, couleuvres (nombreuses dans le Marais poitevin) et lézards… Il se laisse planer jusqu'à ce qu'il repère sa proie. Le pauvre serpent ou lézard sera avalé tête la première. En hiver, l'absence de sa principale source d'alimentation pousse le circaète à **migrer** en Afrique tropicale. Dans le Marais poitevin, ce rapace est présent en été mais sa nidification dans la région n'est pas confirmée.

- ▶ Plumage sombre, queue en triangle
- ● Vallées, souvent à proximité de l'eau
- ▲ Migrateur
- ✚ Mars-septembre

Milan noir *Milvus migrans*

↔ 47-55 cm
↕ 140-175 cm

Le **milan noir** vole souvent au-dessus des plans d'eau à la recherche de **poissons** morts ou malades. Son régime alimentaire est surtout composé de charognes. Il n'hésite pas à se rapprocher des villes pour profiter de restaurants en plein air : les **dépotoirs** ! Ce rapace se transforme parfois en pirate de l'air pour ravir une proie à d'autres oiseaux (petits rapaces, hérons…). Le milan noir est un estivant régulier des bordures boisées du Marais poitevin, où il se reproduit.

- ▶ Bec court, ailes et queue longues, tête aplatie, plumage mimétique
- ● Forêts sèches et clairsemées, espaces dégagés, bord de mer
- ▲ Migrateur
- ✚ Mai-septembre

Engoulevent d'Europe *Caprimulgus europæus*

Espèce rare et localisée, l'engoulevent est difficile à surprendre. Son **plumage** reproduit fort habilement l'écorce des arbres sur laquelle il se pose habituellement. Il passe ainsi la journée en se fondant dans la végétation, perché dans le sens de la branche morte qui le supporte ou tapi au sol. **La nuit**, l'engoulevent **se nourrit** d'insectes volants qu'il pourchasse. Son chant, surprenant, évoque le bruit d'un petit moteur. Dans le Marais poitevin, il est notamment présent dans la forêt de Benon.

↔ 28 cm

Chouettes

Poussin de chouette hulotte non volant sorti du nid

Symbole d'Athéna, la **chouette chevêche** est l'une des rares chouettes que vous pourrez observer en plein jour. Elle se nourrit d'insectes et de vers en plus des rongeurs, qui constituent l'ordinaire des rapaces. La **chouette hulotte** a un régime alimentaire est un peu plus varié que celui de ses cousines : elle y ajoute notamment de nombreux passereaux. C'est elle que l'on entend le plus souvent hululer dans les bois. La **chouette effraie**, ou dame blanche, a longtemps fait travailler l'imagination des hommes. Ses soufflements rauques, dans les greniers et clochers où elle niche, sont à l'origine de nombreuses histoires de revenants… C'est l'un des hôtes familiers de la ferme de Chey, à l'ouest de Niort.

↔38 cm

Chouette hulotte

↔23 cm

Chouette chevêche

↔35 cm

Chouette effraie

Chouette effraie
Tyto alba

▶ Ventre et face blancs ou orangés

● Villes, clochers, vieux bâtiments, carrières

Chouette chevêche
Athene noctua

▶ Petite taille, yeux jaunes

● Vergers, villages

Chouette hulotte
Strix aluco

▶ Silhouette massive, yeux noirs

● Forêts, parcs

Hiboux

En journée, le **hibou moyen-duc** se tient sur une branche ou se plaque contre le tronc pour se camoufler en cas d'alerte. Il trahit ainsi sa présence : un amas de pelotes de réjection s'accumule au pied de l'arbre ! Parmi les rapaces nocturnes, le **hibou petit-duc scops** est le seul véritable migrateur. À peine plus gros que votre poing, il se nourrit surtout d'insectes. C'est un rapace nocturne dont le chant répété inlassablement est noté « tiou-k ».
Le **hibou des marais** est également présent dans les prairies humides, les marais et les landes de la région. Il hiverne notamment dans les dernières vignes à proximité de Saint-Denis-du Payré. Ce hibou pond à même le sol.

↔35 cm

Hibou moyen-duc

Posture d'alerte

↔20 cm

Hibou petit-duc

Hibou moyen-duc
Asio otus

▶ Silhouette élancée, aigrettes, yeux orange

● Haies, petits bois, lisières

Hibou petit-duc
Otus scops

▶ Petite taille, plumage couleur écorce

● Parcs, villages, vieux arbres…

▲ Migrateur

✚ Présent d'avril à août

Faisan de Colchide *Phasianus colchicus*

▶ Longue queue, bande blanche autour du cou, joues rouges (mâle), teintes neutres (femelle)

● Haies, forêts claires, marais, taillis…

Faisan en vol

Originaire d'Asie, le faisan de Colchide a été introduit par l'homme en Europe. Les faisans **sauvages** sont rares. Ceux que vous voyez dans la nature sont des animaux élevés en captivité puis relâchés l'avant-veille des jours de **chasse**… Jusqu'à plusieurs millions d'individus se retrouvent ainsi livrés à eux-mêmes. Incapables de voler correctement, ils terminent leur courte vie dans les gibecières des chasseurs à moins qu'un renard ne soit passé avant !

Femelle

↔60-85 cm

Mâle

Perdrix

Perdrix grise

Perdix perdix

▶ Face, joues et queue brun-roux, couleur générale gris et brun, pattes grises

● Champs, prairies, terrains dégagés…

Perdrix rouge

Alectoris rufa

▶ « Coiffe de chef indien » en position inverse sur le col (noir), bec et pattes rouges, joues et « menton » blancs

● Bocages, champs, vignes, landes…

En scrutant attentivement les labours, vous pourrez peut-être déceler une **compagnie** de perdrix (une dizaine d'individus). Ces oiseaux passent souvent inaperçus en raison de leur plumage terne. En cas de danger, les **perdrix grises** s'envolent au dernier moment car elles n'aiment pas voler. Elles prennent de l'élan puis planent, les ailes en arc de cercle, avant de se poser un peu plus loin. L'espèce est en régression : les petits se nourrissent de chenilles que les insecticides et l'arrachage des haies font disparaître. Sa cousine, la **perdrix rouge**, préfère s'enfuir en courant dans les champs plutôt que prendre son envol.

Perdrix grise

↔35 cm

Perdrix rouge

↔30 cm

Pigeons

Pigeon ramier

Columba palumbus

▶ Tache blanche sur le cou et bande blanche sur l'aile

● Bois, parcs, haies, villes et villages, cultures

Pigeon colombin

Columba œnas

▶ Pigeon gris uniforme, extrémité de la queue noire, petite tête (qui rappelle celle d'une tourterelle)

● Forêts, bois, parcs boisés, bocages… parfois bâtiments.

La plupart des pigeons que vous observez en ville sont des **pigeons domestiques**, descendants du pigeon biset. Le **pigeon ramier** fréquente aussi les villes mais il ne niche pas dans des bâtiments. Il est appelé **palombe** dans certaines régions. Le **pigeon colombin** ne vit qu'en dehors des agglomérations. Les pigeons s'accommodent de peu pour faire un nid. Le plus souvent, il s'agit d'une simple plate-forme de brindilles sur laquelle ils déposent leurs œufs.

Jeune

↔40 cm

Pigeon ramier

Vol nuptial

↔33 cm

Pigeon colombier

Pigeons domestiques

Tourterelles

La **tourterelle turque** a colonisé l'Europe de l'Ouest depuis une cinquantaine d'années. Son expansion est une énigme de la nature. Elle s'est parfaitement adaptée et vit aujourd'hui au voisinage des habitations : vous n'aurez donc pas de mal à l'observer. La **tourterelle des bois** passe beaucoup plus inaperçue. Elle ne revient d'Afrique qu'à partir de mai. C'est en grands groupes qu'elle effectue ses vols migratoires. Ses effectifs ont été réduits par la chasse.

Tourterelle des bois

Tourterelle turque

Tourterelle des bois
Streptopelia turtur

▶ « Petit pigeon » plus « gracieux », dos et ailes roux, queue bordée de blanc

● Bois, forêts, taillis, haies…

▲ Migrateur

✚ Mai-septembre

Tourterelle turque
Streptopelia decaocto

▶ Couleur générale beige, barre noire sur la nuque

● Villes, villages, parcs, jardins…

Alouette des champs *Alauda arvensis*

Un **chant** résonne haut dans le ciel, puissant, interminable… Vous l'entendez sans réussir à distinguer qui en est l'auteur. Persistez ! Ce petit point noir tout là-haut n'est autre que l'alouette des champs, qui, durant presque toute la belle saison, chante sans jamais se lasser. Pourtant, l'alouette niche, dort et chasse au sol. Sa nourriture est composée d'insectes et de graines qu'elle trouve en trottant dans les champs.

Vol chanté

▶ Un peu plus gros qu'un moineau, plumage terne moucheté de brun, légère huppe

● Champs, prairies…

Cochevis huppé *Galerida cristata*

Nul besoin de rechercher l'habitat type du cochevis pour le surprendre. Il s'accommode fort bien des zones industrielles, des bords de route, des anciennes gares et parfois même des parkings de supermarché ! C'est un cousin de l'alouette. Comme elle, le cochevis huppé niche au sol et se nourrit de divers insectes et de graines. Au siècle dernier, il avait l'habitude de fouiller le crottin de cheval pour y récupérer les graines non digérées, mais aujourd'hui les chevaux ont laissé la place aux voitures… et l'espèce est en nette **régression**.

▶ Ressemble à l'alouette mais sa huppe, plus marquée, est bien visible

● Zones sèches avec de la végétation éparse, terrains vagues aux abords d'habitations…

Pipits *Anthus trivialis (pipit des arbres) et anthus pratensis (pipit farlouse)*

Il existe diverses espèces de pipit dont les plus communes sont le **pipit des arbres** et le **pipit farlouse**. Tous deux adoptent une technique de vol originale pour marquer leur territoire… Du haut d'un perchoir ou après avoir pris un peu d'altitude, le pipit se laisse tomber puis, tout en chantant, il ouvre ses ailes et tournoie comme un **parachute** jusqu'au sol. Et la scène recommence. En l'écoutant, vous comprendrez mieux pourquoi il est nommé pipit.

Pipit farlouse

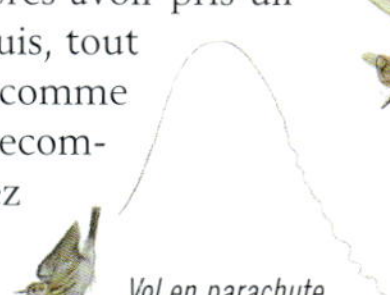
Vol en parachute

▶ Bec effilé, allure d'une bergeronnette massive à la queue un peu plus courte, plumage moucheté

● Lisières de forêts, clairières, zones ouvertes parsemées d'arbres (pipit des arbres) ; pâtures, prairies… (pipit farlouse)

Hirondelle de fenêtre
Delichon urbica
▶ Queue échancré, croupion blanc
● Villes, campagne
▲ Migrateur
✚ Avril-octobre

Hirondelle rustique
Hirundo rustica
▶ Queue longue et fourchue
● Villages, campagne
▲ Migrateur
✚ Mars-octobre

Hirondelle de rivage
Riparia Riparia
▶ Beige et blanche
● Colonie dans les parois meubles
▲ Migrateur
✚ Mars-octobre

Hirondelles

D'où vient leur nom ? L'**hirondelle de fenêtre** niche souvent contre les maisons, sous les toits et les *fenêtres*. L'**hirondelle rustique** niche sur des poutres, à l'intérieur des bâtiments, mais seulement à la campagne. Leur cousine **des rivages** niche dans les parois meubles souvent constituées de sable proche des rives. L'hirondelle rustique, avec sa queue échancrée typique, est la plus visible : elle se nourrit d'insectes proches du sol. Sa population est en déclin à cause des insecticides. L'hirondelle de fenêtre cherche plutôt dans le ciel sa nourriture. Lorsqu'il fait humide mais aussi par temps froid, les insectes sont près du sol… et les hirondelles suivent. D'où la croyance populaire : « Quand les hirondelles volent bas, il va pleuvoir. »

Martinet noir *Apus apus*

▶ Queue fourchue, longues ailes
● Villes, villages, grands bâtiments…
▲ Migrateur
✚ Avril-août

Le martinet est un oiseau extraordinaire et encore plein de mystères. Le ciel est son royaume : il ne se pose pratiquement jamais, si ce n'est pour se reproduire. Il a la faculté de dormir en vol à plus de 1 500 mètres d'altitude ! **Chasseur d'insectes** infatigable, il se livre à mille acrobaties, poursuivant des moucherons invisibles à notre œil. Contrairement à l'hirondelle, il ne se perche jamais sur les fils. C'est un oiseau très aérien quand même puisqu'il peut voler de 600 à 1 000 km par jour pour chasser les insectes !

Fringilles

Les fringilles sont de petits passereaux **granivores** (mangeurs de graines). Ils sont sociables, vivent souvent en bande, et sont bien répandus. Le mâle est généralement plus coloré que la femelle. Comme chez tous les **fringilles**, la femelle du **verdier** construit un nid en forme de coupe avec des matériaux divers : herbes sèches, brindilles, plumes... Cousin du célèbre canari et pourtant bien peu connu du commun des mortels, le **serin cini** n'hésite pas à vivre près des habitations. Le **chardonneret** extrait les graines de la cardère, grand chardon. Au mépris de la loi cet admirable chanteur est capturé par certains amateurs d'oiseaux de volières. Le mâle de la **linotte** construit plusieurs nids, et la femelle n'en choisit qu'un. D'où l'expression, injustifiée, de « tête de linotte » : il oublierait ses nids. Le **pinson** est très commun. De son chant, qu'il peut répéter plusieurs centaines de fois par heure, est née l'expression « gai comme un pinson ».

↔ 14,5-16 cm

Bouvreuil pivoine
Pyrrhula pyrrhula

Pinson des arbres
Fringilla cœlebs

↔ 15 cm

↔ 13 cm

Linotte mélodieuse
Carduelis cannabina

Serin cini
Serinus serinus

↔ 11 cm

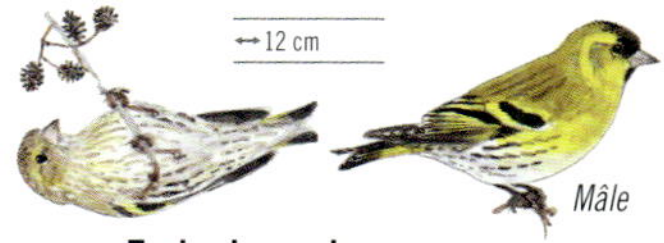

↔ 12 cm

Tarin des aulnes
Carduelis spinus

↔ 16 cm

Chardonneret
Carduelis carduelis

↔ 14,5 cm

Verdier
Carduelis chloris

Pics

Grâce à leur **bec** puissant, les pics creusent des cavités profondes dans les troncs d'arbre puis délogent les larves à l'aide de leur longue **langue**. Tous tambourinent les arbres au printemps pour délimiter leur territoire. En hiver, le **pic épeiche** choisit des **forges**, sortes d'ateliers où il coince les pommes de pin pour en extraire les graines. Le **pic vert** n'hésite pas à éventrer les fourmilières. Le tout petit **pic épeichette**, lui, préfère explorer les fines branches. Il se rend souvent dans les roselières en hiver pour manger les larves qui se cachent à l'intérieur des tiges de roseaux. Le **vol onduleux** des pics est aisément reconnaissable.

Pic épeichette

Dendrocopos minor

▶ Petit pic de la taille d'un moineau, bonnet rouge ou clair, dos barré de blanc

● Forêts, parcs, vergers, grandes haies notamment au bord de l'eau

Pic épeiche

Dendrocopos major

▶ Bonnet noir, derrière de la tête rouge (mâle), bas-ventre rouge

● Forêts, parcs

Pic-vert

Picus viridis

▶ Grand pic au plumage vert (ventre cendré), bonnet rouge, œil masqué de noir

● Vergers, parcs, forêts claires…

Pic cendré

Picus canus

▶ Gris verdâtre sans bonnet, fine moustache noire

● Forêts de feuillus ou mixtes

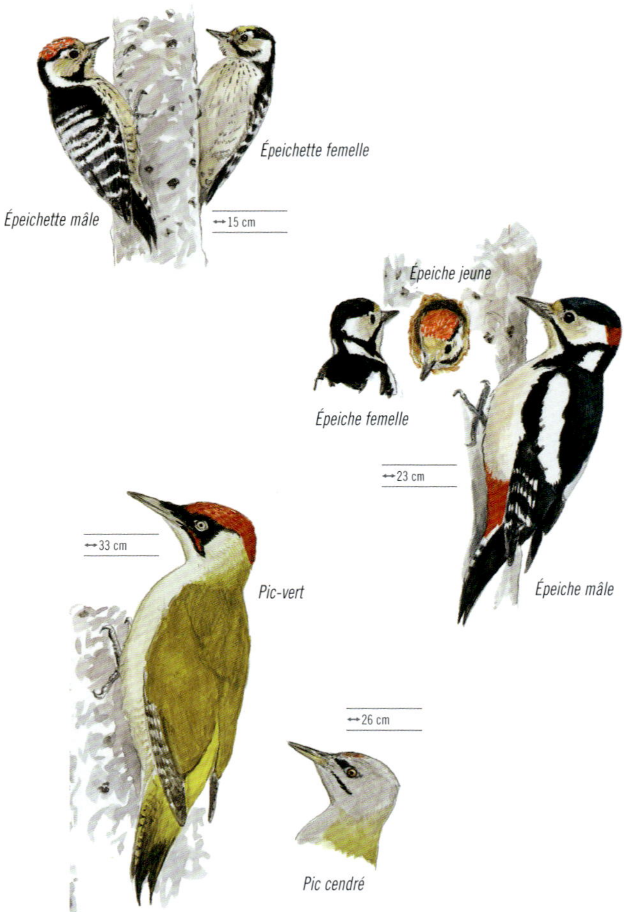

Grimpereau des jardins *Certhia brachydactyla*

Vous reconnaîtrez le grimpereau à son comportement typique. Il **grimpe** le long des arbres en partant de leur base et en **tournant** autour du tronc. Ce faisant, il fouille l'écorce pour trouver quelques invertébrés à se mettre dans le bec. Ses allures de petit pic, son plumage couleur tronc, son bec fin et recourbé capable de déloger le moindre insecte, tous ces « équipements » font du grimpereau un oiseau parfaitement adapté à son mode de vie arboricole.

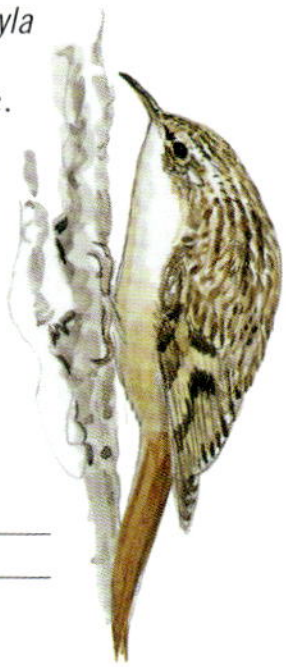

↔ 13 cm

▶ Long bec fin et recourbé, allure typique (ou de p'tit pic), plumage terne, poitrine et ventre blanc et beige

● Forêts de feuillus, parcs, vergers, jardins…

Sittelle torchepot *Sitta europæ*

Son nom curieux lui vient de l'habitude qu'elle a de rétrécir avec de la boue séchée, ou torchis, l'entrée des trous où elle niche, afin d'en interdire l'accès aux prédateurs. Elle est si agile qu'elle peut travailler la tête en bas ! Quand les insectes se font rares, elle coince des graines dans l'écorce afin de les ouvrir à coups de bec. Ces ateliers sont appelées « forges ».

20-24 g

↔ 14 cm

▶ Taille d'une mésange, tête aplatie, queue courte, pattes robustes

● Forêts de feuillus, parcs, toute l'année

Les vieux arbres

Véritables hôtels-restaurants pour un grand nombre d'animaux, les **arbres vieillissants** ou les **arbres morts** offrent aux oiseaux un panel de **services** : les fissures et les cavités dans le tronc permettent la nidification des oiseaux **cavernicoles** (c'est-à-dire qui nichent dans des cavités) ; le bois pourrissant attire un grand nombre d'insectes xylophages (mangeurs de bois) qui servent de repas aux oiseaux ; les pics peuvent y creuser leur cavité de nidification car le bois est moins dur que sur un arbre jeune ; les entrelacs de branches sont autant de postes d'affût et de chants, etc. La **survie** de plusieurs espèces dépend de la présence de tels arbres. Malheureusement, ils se font rares. La plupart sont coupés sans le moindre remords pour des raisons dites « esthétiques » ou « sanitaires ».

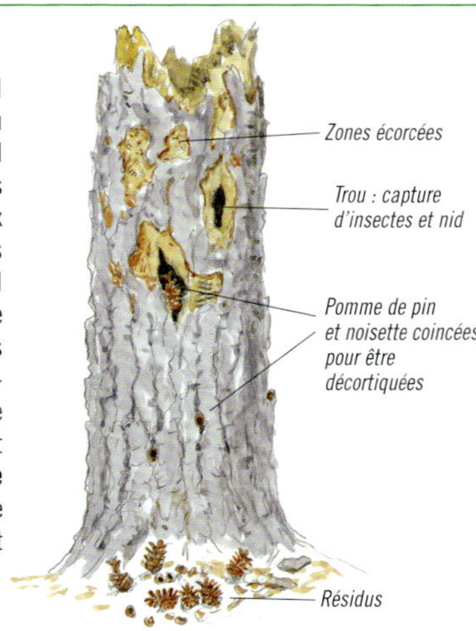

Martin-pêcheur *Alcedo atthis*

Pêche

▶ Petit oiseau, bleu et roux, au long bec

● Rivières et ruisseaux lents, étangs, bords de mer...

↔ 18 cm

Le sifflement perçant, un **éclair bleu** passe rapidement au ras de l'eau : le martin-pêcheur inspecte son territoire de chasse. Grand spécialiste de la **pêche**, il attend, immobile, sur une branche généralement basse et située au-dessus de l'eau. Au moindre scintillement, il plonge telle une flèche et capture le poisson qui s'est ainsi trahi. Le martin-pêcheur **creuse** des galeries dans les berges pour nicher. Celles-ci peuvent atteindre un mètre de profondeur ! Très présent sur les rives des canaux et des fossés du Marais poitevin, le martin-pêcheur, ne se privera pas pour passer d'une berge à l'autre, dans votre dos !

Bergeronnettes

Depuis longtemps, les hommes ont observé le va-et-vient de la bergeronnette autour du **bétail**, d'où son nom, qui signifie « petite bergère ». En fait, elle est attirée par les **insectes**. Vous observerez souvent la **bergeronnette grise** au sol, sur un terrain dénudé ou une pelouse rase, hochant vivement la queue et courant après quelques moucherons. Sa cousine des **ruisseaux** porte bien son nom : c'est au bord des **cours d'eau** que vous l'observerez le plus souvent. Enfin, contrairement aux deux premières, la bergeronnette **printanière** est une véritable **migratrice**. Les premiers individus sont de retour d'Afrique au mois d'avril.

Bergeronnette grise

Motacilla alba

▶ Passereau blanc, noir et gris (les motifs varient)

● Souvent à proximité de l'eau, bâtiments...

↔ 18 cm

Jeune

Bergeronnette des ruisseaux

Motacilla cinerea

▶ Tête et dos gris, ventre jaune

● Ruisseaux, rivières, bords de l'eau

Mâle au printemps

Hiver

↔ 18 cm

Bergeronnette printanière

Motacilla flava

▶ Dos est jaune-verdâtre

● Prairies humides, landes, marais...

▲ Migrateur

✚ Mars-octobre

↔ 16,5 cm

Femelle

Oiseaux des marais

Ces petits oiseaux affectionnent les fourrés denses et les roselières, nombreuses dans le Marais poitevin. **Bouscarle** est un nom provençal qui signifie « oiseau des buissons ». La présence des **bouscarles** et des **cisticoles** dans une région est fluctuante, un hiver rigoureux pouvant décimer une population… La **rousserolle effarvatte** fabrique son nid dans les **roselières** en « tressant » des brindilles entre des tiges de roseaux ou de joncs. Chaque matériau utilisé est d'abord soigneusement trempé dans l'eau. Cette petite astuce permet à la rousserolle d'assouplir le brin d'herbe et de le modeler à sa façon. Ses deux cousines, la **rousserolle verderolle** et la **rousserolle turdoïde**, lui ressemblent énormément.

14 cm
Gorgebleue

Bruant des roseaux femelle ou plumage en automne-hiver
15,5 cm

14 cm
Bouscarle de Cetti

10 cm
Cisticole

Bruant des roseaux, mâle chantant

12,5 cm
Rousserolle effarvate

Prise de bec

La morphologie d'un animal peut donner de précieuses indications sur son mode de vie. Ainsi, les oiseaux granivores sont équipés d'un bec court et épais alors que celui des oiseaux insectivores est plutôt fin et long.

Granivore

Insectivore

Bouscarle de Cetti

Cettia cetti

▶ Dos marron uni, queue assez large et arrondie

● Haies et bosquets denses, marais

Gorgebleue

Luscinia svecica

▶ Plastron bleu vif

● Fourrés denses, marais

▲ Migrateur

✚ Mars-novembre

Cisticole

Cisticola juncidis

▶ Corps roussâtre, ailes brun foncé

● Fourrés denses, marais

Bruant des roseaux

Emberiza schœniclus

▶ Tête noire (délavée en hiver), nuque blanche (mâle), tête brune (femelle)

● Étangs, marais, friches, roselières

Rousserolle effarvatte

Acrocephalus scirpaceus

▶ Bec effilé qui prolonge le crâne formant une « tête en pointe », sourcils clairs, plumage terne, ventre clair

● Étangs, marais, mares, fossés avec roselières, parfois taillis

▲ Migrateur

✚ Avril-octobre

Étourneau sansonnet *Sturnus vulgaris*

Commun, l'étourneau sansonnet niche souvent à proximité des habitations, dans des cavités, sous les gouttières, sous les tuiles, etc. C'est un excellent **imitateur :** perché sur une antenne, il reproduit les sons de son environnement. Certains naturalistes l'ont déjà entendu imiter la grenouille verte ! En hiver, les étourneaux se rassemblent par milliers (souvent plus) pour rejoindre leur **dortoir** communautaire : un pylône électrique, les platanes d'une avenue en plein centre-ville, etc. Face aux **prédateurs** comme les faucons, ils ont copié (allez savoir comment…) sur les immenses bancs de poissons pour se défendre. Ils forment alors une **vague** compacte de **milliers** d'individus : une tache sombre dans le ciel qui change de forme sans arrêt. Spectacle garanti !

▸ Bec effilé et pointu, queue courte, front plat, plumage sombre et moucheté

● Villes, villages, campagne cultivée…

Mâle chantant

↔21 cm

Hiver

Jeune

Réaction de vol groupé près d'un épervier

Paroles d'oiseaux

Chaque oiseau a un vocabulaire plus varié qu'on ne l'imagine : jusqu'à 20 manifestations sonores toutes différentes ! Ainsi, le merle, en dehors de son chant territorial, a un cri d'alarme spécifique selon que le prédateur est au sol (fouine), perché (chouette hulotte) ou en vol (épervier).

Merle noir *Turdus merula*

Le merle, insectivore très commun, n'hésite pas à s'approcher des habitations. Il se nourrit au sol en sautillant et en fouillant les feuilles mortes. Lorsqu'il **gratte** la litière avec ses pattes, il fait un vacarme surprenant pour un oiseau de cette taille : on a l'impression d'entendre un grand mammifère détaler dans la haie ! Malgré son penchant pour les vers et les insectes, le merle mange aussi des fruits : pommes, poires tombées à terre, etc. C'est un excellent **chanteur**.

▶ Bec jaune, plumage noir (mâle), brun terne chez la femelle

● Forêts, parc, jardins, bocages…

Grives

Les grives sont difficiles à différencier entre elles, à moins de se concentrer sur quelques détails. Elles ont toutes un régime alimentaire composé d'invertébrés et de fruits. Leur nid, en forme de coupe, est généralement construit à base de brindilles, de mousse et de boue, à plusieurs mètres du sol. Les grives **litornes** et **mauvis** se regroupent pour passer l'hiver dans la région : il possible des les trouver par centaines dans les vieux vergers. Les autres sont nicheuses. La grive **musicienne**, qui ne se réunit jamais en bande, même en hiver, se confectionne une forge pour casser les coquilles d'escargots. La grive **draine**, plus grosse, adore les baies du **gui** au point qu'elle en est le principal agent disséminateur, grâce à ses fientes qui contiennent des graines non digérées.

Grive et gui

Grive musicienne

Turdus philomelos

▶ Petite grive, souvent rondelette, chante bien en vue

● Parcs, bois, haies…

Gobemouche gris
Muscicapa striata
▶ Bec fin, tête et gorge striées de brun
● Parcs, jardins, forêts claires
▲ Migrateur
✚ Avril-octobre

Gobemouche noir
Ficedula hypoleuca
▶ Mâle noir et blanc, femelle et plumage d'automne : gorge et ventre clairs, tête et dos brunâtres ; mouvements nerveux des ailes
● Forêts, bois, parcs, jardins, vergers…
▲ Migrateur
✚ Mai-octobre

Gobemouches

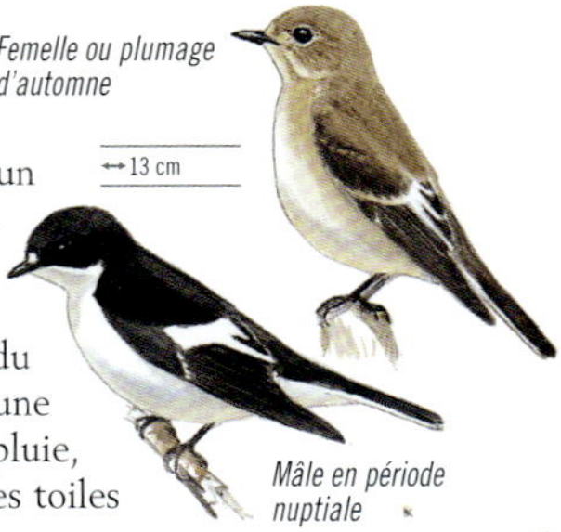

Femelle ou plumage d'automne

Mâle en période nuptiale

Ses couleurs ternes font du **gobemouche gris** un animal bien peu remarqué. C'est pourtant un oiseau surprenant. Posté sur une branche, il inspecte avec attention les alentours. L'une de ses ailes **frémit** sans arrêt : il est à l'affût du moindre insecte volant. Le **nid**, une simple petite coupe à l'abri de la pluie, est fabriqué notamment avec des toiles d'araignées et du crin.

Gobemouche gris

Revenu d'Afrique, le mâle du **gobemouche noir** recherche une cavité, de préférence dans un vieil arbre creux (hélas ! de plus en plus rare). À défaut, le gobemouche noir n'hésite pas à utiliser un nichoir. Lorsqu'une femelle arrive, il se transforme en véritable **agent immobilier** : il chante, il rentre et sort de sa cavité, jusqu'à ce que la femelle inspecte les lieux et accepte de s'installer avec lui.

Roitelet huppé
Regulus regulus
▶ Minuscule, bande jaune aux liserés noirs sur la tête
● Forêts et parcs avec des conifères

Roitelet triple-bandeau
Regulus ignicapillus
▶ Raies blanches, noires et jaunes sur la tête
● Forêts et parcs avec des conifères

Roitelets

Roitelet triple-bandeau

Roitelet huppé

Prenez une pièce de monnaie dans votre main, et vous aurez une idée du **poids** des roitelets ! Pesant entre 4,5 et 6 grammes, ils sont les oiseaux les plus légers d'Europe. Ces petites boules de plumes peuvent se laisser approcher à quelques mètres s'ils se sentent en sécurité au milieu des buissons. N'hésitez pas à inspecter le « béton végétal » que forment les haies de thuyas, le roitelet s'y balade couramment (c'est l'un des rares oiseaux à apprécier le thuya).

▶ Taille d'une mésange, bec effilé
● Forêts, parcs, haies, taillis
▲ Migrateurs
✚ Mars-octobre

Pouillots *Phylloscopus sp.*

Pouillot fitis

Pouillot véloce

Les pouillots sont de petits insectivores brun-vert, plus faciles à reconnaître au chant qu'au plumage. Le **pouillot véloce** est parfois appelé **compteur d'écus** car son chant monotone, souvent en deux notes, évoque le bruit des pièces que l'on compte. Son nid, en forme de boule, est situé assez bas dans les buissons. Le **pouillot fitis**, comme le **pouillot siffleur**, a un chant plus fluide et fréquente surtout les forêts. Ce sont des oiseaux **discrets** que l'on entend très souvent mais que l'on voit plus difficilement.

Accenteur mouchet *Prunella modularis*

L'**accenteur mouchet** est un oiseau assez **commun**, parfois confondu avec une fauvette ou un moineau. Discret, il se faufile au plus profond des buissons. Au sol, parmi les dizaines de moineaux, il ne tardera pas à faire son apparition. Insectivore, comme en témoigne son bec fin, il se contente parfois, en hiver, de baies et de graines.

▶ Bec fin, plumage terne

● Jardins, bois, taillis…

Moineaux

Les moineaux ont toujours su tirer parti des **activités humaines**. Dans les villes ou dans les champs, la nourriture abonde pour le **moineau domestique** comme pour le **moineau friquet**. Ils se nourrissent essentiellement de graines et d'autres matières végétales. Mais il leur arrive de capturer de gros coléoptères et même des lézards des murailles ! Ce sont des opportunistes : une fissure dans un mur, une cavité dans un bâtiment leur suffisent pour construire un nid. Parfois, ils vont même jusqu'à expulser une hirondelle de son nid pour s'y installer…

Moineau domestique

Passer domesticus

▶ Bec et corps massifs, bonnet gris bordé de marron, gorge noire (mâle), femelle terne, gorge et ventre unis et clair

● Villes, villages, habitations…

Moineau friquet

Passer montanus

▶ Bonnet marron, virgule noire sur la joue

● Bocages, parcs, jardins, vergers, haies, villages

Troglodyte mignon *Troglodytes troglodytes*

Facilement reconnaissable à sa silhouette ronde et à sa petite **queue dressée**, le minuscule troglodyte ne pèse que 9 grammes. Il se faufile partout, inspectant le moindre recoin pour trouver sa pitance : araignée, insecte, cloporte… Regardez-le se glisser dans les tas de bois et au plus profond des taillis : une vraie souris ! D'autant que le troglodyte n'hésite pas à se rapprocher des maisons. Vous pouvez le surprendre en train d'inspecter vos rebords de fenêtre.

▶ Courte queue relevée et bec effilé

● Forêts, jardins, buissons, haies…

Fauvette à tête noire *Sylvia atricapilla*

L'observation des fauvettes n'est pas chose facile : leur plumage est **terne** et elles passent leur vie cachées au cœur des buissons touffus. Il n'y a guère que la fauvette à tête noire ou la fauvette grisette qui se laissent apercevoir de temps à autre. Ces oiseaux sont **discrets** au point qu'ils pourraient vivre dans la haie de votre jardin sans aucun soupçon de votre part… Si ce n'était leur **chant**, sonore et caractéristique.

▶ Bec effilé et corps élancé (comme toutes les fauvettes), teinte terne excepté le dessus de la tête noir ou roux

● Taillis, parcs, jardins, haies denses

▲ Migrateur partiel

Traquet et tariers

Traquet motteux
Œnanthe œnanthe
▶ Masque noir, queue avec un « T » à l'envers
● Zones pierreuses, prairies sèches, friches
▲ Migrateur
✚ Mars-octobre

Tarier pâtre
Saxicola torquata
▶ Sombre, poitrine rousse et tache sur l'aile
● Prairies, chemins
▲ Migrateur partiel

Tarier des prés
Saxicola rubetra
▶ Sourcils blancs très nets, gorge rousse
● Prairies grasses, humides avec bosquets, marais…
▲ Migrateur
✚ Avril-septembre

Lorsqu'il migre, le **traquet motteux** aime à faire des haltes sur les grosses mottes de terre des champs labourés. C'est ainsi qu'il a été qualifié de « motteux ». Ne confondez pas le **tarier pâtre** avec son cousin **des prés** qui a des sourcils blancs. Il adore les **perchoirs dominants** d'où il peut surveiller son territoire et ses proies.

Rouges-queues

Rouge-queue noir
Phœnicurus ochruros
▶ Bec fin, plumage noirâtre ou grisâtre, queue rousse
● Villes, villages, bâtiments, vieux murs
▲ Migrateur partiel

Rouge-queue à front blanc
Phœnicurus phœnicurus
▶ Poitrine rousse, très délavée chez la femelle ; souvent au sol
● Parcs, jardins, lisières, forêts claires
▲ Migrateur
✚ Avril-octobre

Certains nomment le **rouge-queue noir** le **ramoneur** car il est souvent posé sur une cheminée, comme s'il venait d'en sortir couvert de suie ! Quand il s'envole, sa petite silhouette sombre laisse apparaître une **queue rousse** : c'est bien un rouge-queue ! Ces petits détails vous permettront de reconnaître sans difficulté la silhouette des rouges-queues. D'autant qu'aux branchages et aux broussailles, ils préfèrent les perchoirs bien en vue.

Rougegorge *Erithacus rubecula*

▶ Taille d'une mésange, bavette rouge-orangé, corps rond
● Forêts, maquis

C'est en **automne** et en **hiver** que le rougegorge n'hésite pas à se montrer. À la belle saison, c'est un oiseau très discret, et rares sont ceux qui le surprennent autrement que par son chant mélancolique. Sous son joli minois, le rougegorge cache un tempérament colérique. Il garde son territoire avec attention. Gare à l'intrus car le rougegorge voit… rouge. Peu sociable, il chasse et intimide généralement tout autre rouge-gorge qu'il rencontre.

Rossignol philomèle *Luscinia megarhynchos*

Son **chant**, très réputé, que l'on peut entendre d'avril à juin, a fait du rossignol une vedette de la littérature. Il faut dire que ses compositions, de jour comme de **nuit**, sont d'une virtuosité sans égal dans le monde des oiseaux. Munissez-vous de patience pour l'observer car il passe le plus clair de son temps **caché** dans les fourrés.

- ▶ Bec et corps effilés, plumage brun-roux
- ● Haies, parcs, bois touffus...
- ▲ Migrateur
- ✚ Avril-septembre

Pies-grièches

Piquets de clôtures, fils barbelés, poteaux et fils téléphoniques... autant d'endroits à inspecter en premier lieu si vous souhaitez admirer les pies-grièches. Tous ces perchoirs lui conviennent à merveille pour un poste d'affût. Elles chassent de nombreux insectes et n'hésitent pas à capturer les jeunes campagnols. Si les **proies** sont abondantes, les pies-grièches constituent un **stock de nourriture**, en empalant leurs victimes sur des épines ou des barbelés... d'où le surnom d'**écorcheur** de l'une des pies-grièches. Les insectes ainsi « accrochés » sont mangés plus tard.

Pie-grièche écorcheur

Lanius collurio

- ▶ Masque de « bandit »
- ● Haies, bocages...
- ▲ Migrateur
- ✚ Mai-septembre

Pie-grièche à tête rousse

Lanius senator

- ▶ Calotte rousse
- ● Haies, bocages...
- ▲ Migrateur
- ✚ Avril-septembre

Attention ! Selon son attitude (entretien du plumage...) et la période de l'année (parade nuptiale, hiver, nourrissage des jeunes), l'apparence de l'oiseau peut varier considérablement.

Rougegorge au plumage usé et sale (nourrissage des jeunes)

Rougegorge au plumage neuf gonflé (hiver)

Merle noir prenant un bain de soleil

Moineau domestique prenant un bain de poussière

Mésanges

En hiver, les mésanges se regroupent et se déplacent ensemble, parfois rejointes par des grimpereaux ou une sittelle : la **ronde** des mésanges est un spectacle qui ne vous lassera pas durant vos balades hivernales. **Acrobates**, les mésanges peuvent se suspendre aux fines branches pour déloger des insectes inaccessibles aux autres oiseaux. Les chenilles sont les proies les plus appréciées. Les familles nombreuses, souvent plus de 10 petits, sont courantes. À l'envol des jeunes, les parents sont à bout de force tant les allées et venues pour nourrir tout ce petit monde ont été incessantes depuis l'éclosion.

Mésange charbonnière

Parus major

▸ Tête noire aux joues blanches, ventre jaune

● Forêts, jardins…

Charbonnière

Mésange noire

Parus ater

▸ Petite, tête noire aux joues blanches

● Conifères

Noire

Mésange bleue

Parus caeruleus

▸ Petite, ailes et queue bleu

● Parcs, jardins…

Bleue

Mésange à longue queue

Aegithalos caudatus

▸ Longue queue

● Forêts et bois assez denses, parcs, taillis…

À longue queue

Mésange nonnette

Parus palustris

▸ Mésange aux couleurs ternes

● Taillis, forêts denses, parcs…

Nonnette

Bruants

Leur **bec massif** indique leur régime alimentaire : les bruants se sont spécialisés dans la recherche des **graines**, qu'ils trouvent généralement au sol… Mais ils nourrissent leurs petits avec des insectes et changent aisément de régime selon la saison. Sans doute aurez-vous quelques difficultés pour identifier les femelles et les jeunes aux couleurs ternes. D'une espèce à l'autre, ils se ressemblent énormément. Le **bruant proyer** se démarque de ses cousins par sa plus grande taille et son comportement sexuel : le mâle opte souvent pour la formation d'un harem de plusieurs femelles qu'il ne cesse de tyranniser !

Bruant jaune mâle

Bruant proyer

Bruant zizi mâle

Bruant jaune

Emberiza citrinella

▶ Bec court et conique, tête et ventre jaunes (mâle), croupion roux

● Bosquets, champs, bocages, lisières

Bruant proyer

Miliaria calandra

▶ Grand bruant au bec imposant, plumage terne brun-beige-gris rayé

● Terrains cultivés, prairies…

Bruant zizi

Emberiza cirlus

▶ « Barbe » noire, joues jaunes et bonnet strié de noir (mâle), croupion gris-brun

● Bocages, bosquets, friches, arbres isolés en campagne cultivée

Mangeoires

Un point de nourrissage dans votre jardin ou sur votre rebord de fenêtre, et votre envie de télévision passera bien vite ! Le nez collé à la vitre (mais dissimulé derrière un rideau), vous pourrez admirer le va-et-vient des mésanges. Par temps de neige ou de gel, quelques **graines**, sur un morceau de **margarine**, des **cacahouètes** enfilées sur un fil… seront énormément appréciés. Habituellement insectivores, les mésanges n'hésiteront pas à avaler les graines de tournesol, riches en graisse, pour se protéger du froid. Une fois sur la mangeoire, terminée la vie en « ronde ». Les mésanges dévoileront un tout autre visage : celui d'un oiseau agressif avec ses congénères !

Une bassine peu profonde permet de voir les oiseaux se désaltérer et se baigner

Nichoirs

Les **arbres morts**, **vieillissants** et **creux** se font de plus en plus rares aujourd'hui. Les oiseaux **cavernicoles**, comme les mésanges, sont confrontés à une véritable crise du logement. Certaines vont même jusqu'à nicher dans des boîtes aux lettres ! Un nichoir dans votre jardin ou sur le mur de votre maison sera vite occupé.

Corvidés

La famille des corvidés est étonnante par sa **faculté d'adaptation**. Omnivores, les corvidés mangent aussi bien des graines que des insectes, des œufs qu'ils pillent dans les nids. C'est dans les tours des châteaux, les grands bâtiments, les cathédrales et les églises que niche le **choucas**. Le mâle et la femelle de la **corneille noire** sont unis pour la vie. Pour la nidification, le **corbeau freux** vit en colonie parfois très importantes. Les peupliers accueillent souvent ces « corbeautières ». Le surnom de la **pie voleuse** lui vient de la manie qu'elle a de garnir son nid d'objets brillants : emballage de chewing-gum, morceau de verre. . Ses jacassements rauques à toutes les occasions, ont donné naissance à l'expression « bavard comme une pie ». Par son cri d'alarme bruyant, le **geai** joue le rôle d'avertisseur sonore pour le reste des habitants de la forêt.

Corneille noire

Corvus corone

▶ Long bec puissant, plumage entièrement noir

● Presque partout

Choucas des tours

Corvus monedula

▶ Bec puissant, taille d'un pigeon, nuque grise

● Villes, villages, rochers, ruines…

Corbeau freux

Corvus frugilegus

▶ Long bec pointu, plumage noir, plumes du ventre pendantes, pourtour du bec grisâtre et déplumé

● Campagne cultivée, bosquets

Geai des chênes

Garrulus glandarius

▶ Bec massif, queue noire, croupion blanc, bande bleu ciel sur les ailes

● Forêts, parcs…

Pie bavarde

Pica pica

▶ Bec massif, plumage noir et blanc, longue queue noire aux reflets vert métallique

● Villes, villages, parcs, jardins…

Huppe fasciée *Upupa epops*

La belle huppe fasciée sonde et **pioche** le sol de son bec pour attraper les larves, les vers et les insectes qui s'y cachent. Elle recherche sa nourriture uniquement à terre, dans les sols meubles. Elle fouille souvent dans les bouses de vache pour déloger les vermisseaux. Son plumage **bariolé**, visible lorsqu'elle étale vivement ses ailes, lui permet de déconcerter les prédateurs éventuels (éperviers). Sa **huppe** est composée de plumes érectiles qui se déploient ou se rabattent à volonté. Elle niche dans des arbres creux ou dans des cavités de vieux murs.

▶ Long bec recourbé, grande huppe orange sur la tête, ailes zébrées de bandes blanches et noires

● Paysages ouverts, vergers, boqueteaux, parcs…

▲ Migrateur

✚ Mars-septembre

Loriot *Oriolus oriolus*

Son allure d'oiseau **tropical** a valu au mâle plusieurs surnoms, dont celui de **merle d'or**. Pourtant, le loriot se laisse rarement admirer : il vit discrètement en haut des grands arbres, caché dans l'épais feuillage. Vous ne le repérerez que grâce à son sifflement flûté et harmonieux. Le loriot se nourrit de cerises et de toutes sortes d'autres baies. Les invertébrés figurent aussi à son menu. En été, le loriot aime se tenir au **sommet des peupliers**, nombreux dans le Marais.

Femelle

▶ Long bec fin, silhouette élancée, mâle jaune aux ailes noires, femelle vert-jaune, ventre clair et strié

● Bois, parcs, lisières de forêts…

▲ Migrateur

✚ Mai-septembre

Coucou gris *Cuculus canorus*

Le coucou doit son nom à son **chant** bien connu. En vol, sa silhouette rappelle celle d'un petit faucon. Ne cherchez pas son nid, il n'en fait pas : c'est un oiseau « **parasite** ». À l'affût sous les feuillages, la femelle coucou repère le nid des petits passereaux (fauvettes, rousserolles, troglodytes, rougegorges…). Au moment propice, elle pond un œuf parmi ceux du légitime propriétaire. Le jeune coucou sort de sa coquille avant les autres et se met à l'ouvrage : il jette les œufs en dehors du nid ! Malgré sa taille disproportionnée, l'imposteur se fera nourrir par ses parents d'adoption ! Dernière étrangeté : le jeune coucou trouve seul le chemin de l'Afrique lors de sa migration.

▶ Longue queue, ailes pointues, gris (femelle parfois rousse)

● Forêts, bocages, marais…)

▲ Migrateur

✚ Mars-septembre

Reptiles

▶ Longue et fine couleuvre, verte foncée à noire, mouchetée puis striée de taches jaunes

● Lisières de bois, haies, vieux murs, bordures de chemins, endroits secs et ensoleillés

Couleuvre verte et jaune *Coluber viridiflavus*

Elle est appelée aussi « cinglant » ou « fouet » car lorsqu'elle est dérangée, la couleuvre verte et jaune s'enfuit très rapidement en fouettant les herbes de sa queue. Ne tentez pas de l'attraper : d'une part c'est interdit par la loi (elle est intégralement **protégée**) et d'autre part elle vous mordrait avec hargne ! Bien qu'elle soit complètement **inoffensive**, sa morsure est néanmoins douloureuse… Cette couleuvre passe le plus souvent inaperçue, cachée dans la végétation. Vous pourrez plus facilement l'observer aux mois d'avril-mai, lors de ses premières sorties de l'année. Elle hiverne sous terre dans un trou, une vieille souche, et parfois avec d'autres de ses semblables.

↔ 100-130 cm

Couleuvre ou vipère ?

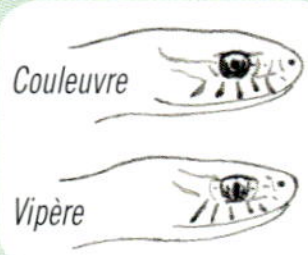

Couleuvre

- Longue, fine, effilée
- Pupilles rondes
- Tête plutôt ovale

Vipère

- Pupilles de chat
- Silhouette trapue, sa queue se termine brusquement
- Tête triangulaire
- Son dos est peint d'un « zigzag »
- Pas plus de 80 cm

Si la queue se termine brusquement, c'est une vipère ; si elle est longue et effilée, c'est une couleuvre.

Couleuvre à collier *Natrix natrix*

▶ Couleuvre gris-vert parfois brune avec un collier clair

● Zones humides, bords de mares, d'étangs, de rivières

Son nom lui vient du **collier** qui orne son cou. De grandes écailles sur le dessus de la tête, un corps élancé et bien sûr son collier : vous ne pouvez pas la confondre avec une vipère ! Pour **se protéger**, la couleuvre à collier a plus d'un tour dans son sac. Si vous la surprenez, elle simule la mort à moins qu'elle ne laisse échapper un liquide nauséabond qui vous fera regretter de l'avoir rencontrée… Excellente **nageuse**, elle se nourrit d'amphibiens, de petits poissons et de campagnols… avant d'**hiverner** de novembre à avril.

↔ 150 cm

Vipère aspic *Vispera aspis*

▶ Couleur grise à brune, présence d'un zigzag très voyant sur le dos

● Haies, coteaux secs et pierreux, talus ensoleillés

La **vipère aspic** a le **museau** un peu retroussé et de petites écailles sur la tête. Elle fréquente les milieux secs et buissonneux : haies, talus, pentes ensoleillées. Elle se nourrit de rongeurs et de lézards qu'elle mord par surprise de ses deux crochets **venimeux**. La malheureuse proie s'enfuit pour mourir un peu plus loin et la vipère n'a qu'à suivre tranquillement sa trace pour la retrouver.

↔ 55-80 cm

Lézard des murailles *Podarcis muralis*

Le lézard des murailles est présent jusqu'au cœur des grandes villes mais les murs enduits de crépi, les chats et même les moineaux ont de plus en plus raison de lui ! C'est le lézard le plus commun de France. Il est très friand d'araignées, de mouches et autres insectes volants. Il inscrit parfois des abeilles à son menu car il est **immunisé** contre leur venin.

↔17-20 cm

▶ Longue queue, corps élancé, teinte très variable, gris, brun, rougeâtre…

● Vieux murs, talus ensoleillés, rocailles…

Lézard vert *Lacerta viridis*

Ce lézard porte une grande confiance en sa belle robe verte, qui lui permet de passer **inaperçu** au milieu des herbes et des feuilles. Vous pourrez ainsi l'admirer sans qu'il bouge d'un millimètre. Mais en cas d'agression le lézard vert n'hésitera pas à vous **mordre** en pressant si fortement ses mâchoires qu'il peut rester pendu à votre doigt un bon moment… Rassurez-vous, sa morsure n'est pas dangereuse. Vous rencontrerez ce lézard un peu partout et notamment à proximité des zones humides. C'est un très bon nageur.

Mâle

↔35 cm

▶ Corps (excepté le ventre) souvent entièrement vert, moucheté de noir ou de brun

● Haies, lisières, terrains secs et herbus

Femelle

Orvet *Anguis fragilis*

L'orvet est un **lézard sans pattes**. Il a ainsi le pouvoir de s'auto-amputer pour échapper à un danger : il perd sa queue très facilement. Son nom latin lui vient de cette fragilité. Un autre surnom lui avait été donné pour la même raison : **serpent de verre**. Vous le trouverez souvent sous des pierres ou, de bon matin, dans l'herbe d'une lisière ensoleillée. Son aspect très lisse permet de ne pas le confondre avec un serpent.

Mâle

Jeune ou femelle

▶ Comme un serpent sans cou, ocre ou cuivré

● Jardins, bois, lieux humides, prairies, lisières

↔50 cm

Amphibiens

▶ Dos en général vert, parfois brun, orné de taches noires, souvent une ligne vertébrale claire

● Mares, bassins, étangs, fossés, bras morts ensoleillés, avec de la végétation aquatique

Grenouille verte *Rana esculenta*

↔8-10 cm

Très commune, la grenouille verte passe l'essentiel de sa journée dans l'eau ou sur les berges pour se chauffer au soleil. À la moindre alerte, elle **plonge** et se cache dans la vase. Très vorace, elle se nourrit d'insectes, d'alevins et parfois de petits rongeurs ! Vous l'entendrez chanter pendant presque toute la belle saison. En avril, les grenouilles vertes s'accouplent et pondent leur amas d'œufs.

Autre coloration

▶ Dos brun, beige ou roux, bande noire derrière l'œil

● Prairies inondables, forêts, mares, étangs, jardins...

Grenouille rousse *Rana temporaria*

↔6-9 cm

Les grenouilles rousses sont des animaux nocturnes. Dès février, elles commencent à sortir de leur **sommeil** hivernal pour aller se reproduire. Des milliers de batraciens retournent alors dans l'eau, souvent des flaques temporaires, pour s'accoupler et pondre leurs œufs. La nuit, un concert discret retentit : les ronflements sourds des mâles ont pour but d'attirer les femelles. Au bout de trois semaines, toutes retourneront à leur **vie terrestre**, dans les forêts, les haies et les jardins, jusqu'au printemps prochain. La **grenouille agile** ressemble beaucoup à sa cousine rousse. Elle se reproduit aussi dans les mares forestières, les ornières et les prairies inondées du Marais mouillé.

▶ Dos d'un joli vert, pelotes au bout des doigts, bande sombre qui part de l'œil et sépare le dos du ventre

● Mares, étangs, roselières...

Rainette verte *Hyla arborea*

↔3-5 cm

Malgré leur petite taille, les rainettes peuvent se faire entendre, de mai à juillet, à plus de **un kilomètre** à la ronde. Présentes en plaine, elles se cachent dans un roncier ou sur un saule, restant presque invisibles pendant la journée sauf par temps de pluie quand elles se mettent à chanter. D'un vert plus vif, la rainette méridionale est présente, en France, du côté atlantique, jusqu'au nord-ouest de la Charente-Maritime.

Rainette verte perchée

Du têtard à la grenouille

Crapaud commun *Bufo bufo*

⟷7-13 cm

Le crapaud commun migre à partir de mars vers des lieux de **reproduction** – mares, flaques, étangs… – distants parfois de plusieurs kilomètres. Pour atteindre son but, il doit souvent franchir un obstacle impitoyable : les routes. Près de 90 % d'une population peut ainsi être éradiquée par les **voitures** ! Inconscients de ce danger, les mâles, très excités, s'agrippent à tout ce qui bouge… L'extrémité d'une de vos bottes, pourtant difficile à confondre avec une femelle, peut subir l'assaut d'un mâle impatient de s'accoupler ! En dehors de la période de reproduction, le crapaud commun vit sur **terre** un peu partout et ne sort que la nuit.

▶ Peau verruqueuse, glandes bien visibles derrière les yeux, pupilles horizontales

● Jardins, forêts, parcs, friches…

Crapaud calamite *Bufo calamita*

⟷6-9 cm

Petit et trapu, le crapaud calamite trottine rapidement pour se déplacer, au point qu'on le confond parfois avec une souris ! Il ne saute pas ou très rarement. Au printemps, les mâles gonflent leurs sacs vocaux et émettent des séries de **puissants trilles** que vous pouvez entendre à plus de 500 mètres. Le crapaud calamite est une espèce **rare** et menacée. Il est vital de protéger ses mares de reproduction.

▶ Peau verruqueuse, ligne vertébrale claire, 2 glandes parallèles derrière les yeux, iris teinté de jaune

● Zones sablonneuses, dunes, étangs, gravières…

Alyte accoucheur *Alytes obstetricans*

Mâle portant les œufs

⟷4-5 cm

L'alyte est un minuscule crapaud rare et localisé, aux **mœurs très étonnantes**. Le mâle attire les femelles en émettant une agréable note flûtée. Très attentionné, il prend en charge les œufs aussitôt après l'accouplement – d'où son surnom – et les transporte sur ses pattes postérieures pendant plusieurs semaines avant de rejoindre un point d'eau pour libérer les têtards. Au bout de quelques mois, ceux-ci peuvent atteindre 7 à 8 centimètres alors que les adultes n'excèdent pas 5 centimètres. L'alyte mène une existence presque exclusivement terrestre.

▶ Dos grisâtre couvert de petites verrues, pupilles de chat, pas de glande derrière la tête

● Gravières, carrières, talus ensoleillés, murs de pierre…

Pélodyte ponctué *Pelodytes punctatus*

⟷3-5 cm

Grâce à ses tâches vertes, à son corps fin, et à son agilité, le petit pélodyte ponctué se fait souvent passer pour une simple grenouille. En y regardant de plus près, vous remarquerez pourtant son long **museau arrondi**, sa peau verruqueuse et son **odeur d'ail** ! Au printemps, durant la période de reproduction, vous pouvez l'entendre chanter de jour, bien que le pélodyte soit généralement nocturne. Facile à reconnaître, son chant est un grincement comparable au pas d'une chaussure neuve ou bien au bruit d'une porte qui grince. Il pond 1 000 à 1 600 œufs sous la forme de cordons enroulés à la végétation dans les mares, les grandes flaques, les fossés…

▶ Petit crapaud à l'aspect de grenouille, tacheté de vert, long museau, pupille verticale, pattes sans palmure

● Zones humides et fraîches, abords de fossés garnis de végétation, proximité de points d'eau divers…

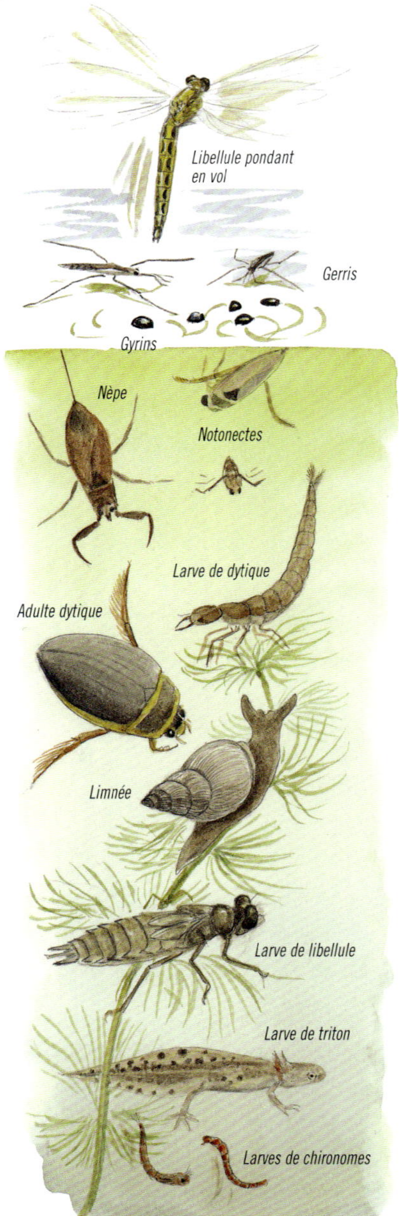

La mare

Univers miniature, la mare recèle des richesses qui ne manqueront pas de vous surprendre.
À commencer par les impressionnantes voltiges des **libellules** aux couleurs métalliques, parfaitement équipées pour la chasse aérienne des insectes. Les **gerris**, punaises aquatiques campées sur leurs longues pattes, savent traduire les ondulations de l'eau et se précipitent sur les insectes qui se noient. Les petits **gyrins** tournoient comme des fous à la surface avant de plonger promptement. Autres punaises aquatiques, la **nèpe**, qui saisit entre ses deux crochets les proies imprudentes, et la **notonecte**, en forme de coque de bateau muni de deux grandes rames, qui guette les naufragés. Dans les faibles profondeurs de la mare se côtoient les **dytiques**, dont les larves sont d'insatiables prédateurs, les **têtards de tritons** munis de leurs branchies, ou encore les **larves de libellules**, cachées dans la végétation ou dans la vase, et qui éperonnent sans hésiter le moindre **chironome** qui passe à leur portée.
Sur les plantes aquatiques, la **limnée** broute paisiblement les minuscules algues vertes. Creusées à l'origine pour servir de points d'eau aux hommes et aux bêtes, les mares sont devenues essentielles à de nombreuses espèces. L'agriculture intensive et un certain désintérêt mettent en cause l'existence de nombre d'entre elles qui, faute d'entretien, se comblent. Il est vital pour la biodiversité de les entretenir !

Salamandre tachetée *Salamandra salamandra*

La salamandre est presque exclusivement terrestre. Les femelles ne se risquent dans l'eau que pour libérer leurs larves dès la sortie de l'hiver. Mauvaises nageuses, il arrive parfois qu'elles se noient ! Les salamandres ont besoin d'un taux important d'humidité : elles ne sortent que la nuit, ou sitôt après de bonnes averses. Une croyance racontait que la salamandre était capable de traverser le feu sans aucune brûlure… ! Elle fut l'emblème de François Ier. L'espèce est commune mais localisée (forêts, bois humides…).

▸ Corps massif noir et jaune, queue ronde, glandes derrière les yeux

● Forêts, bois, parcs…

↔ 20 cm

Larve de salamandre

Tritons

Au printemps, mâles et femelles se donnent rendez-vous dans les **mares** pour se reproduire. Vous les verrez souvent remonter à la surface de l'eau pour **respirer**. Chaque mâle a revêtu pour l'occasion son habit nuptial : une **crête** plus ou moins prononcée le long du corps et de la queue. Les œufs sont pondus un à un dans la végétation aquatique. La femelle replie méticuleusement chaque feuille sous laquelle elle a pondu son œuf. Lorsque la période de reproduction est terminée, tous les tritons sortent de l'eau et mènent alors une existence terrestre et nocturne. En journée, ils se cachent dans des lieux humides (sous les pierres, sous des tas de bois, dans les feuilles mortes…).

Triton venant de respirer à la surface

Triton crêté
Triturus cristatus

↔ 15 cm

Phase terrestre

▸ Apparence d'un lézard sans écaille, queue plate verticalement

● Mares, bassins, étangs, trous d'eau, flaques, ornières…

Triton palmé
Triturus helveticus

↔ 8 cm

Tritons mâles en phase nuptiale

Triton marbré
Triturus marmoratus

↔ 15 cm

Insectes

Papillons

Le papillon pond ses œufs dans la végétation. Après incubation et éclosion, une chenille voit le jour. Elle vit sur les plantes, jusqu'à ce qu'elle se fixe sur une tige pour devenir une chrysalide. Enfin, émergeant de la chrysalide, un papillon apparaît. Il vivra au moins le temps de s'accoupler et de pondre.

Aurore

Tircis

Vulcain

Petite tortue

Vanesse des chardons ou belle-dame

Grand mars changeant

Argus et zygène

Paon du jour

Coléoptères

Les **coléoptères** forment une famille d'insectes très spectaculaire. Ils ont transformé leur paire d'ailes antérieures en élytres, ce qui leur confère la protection d'une carapace. Le lucane cerf-volant est le plus grand coléoptère d'Europe. La **rosalie des Alpes** compte parmi les plus beaux.

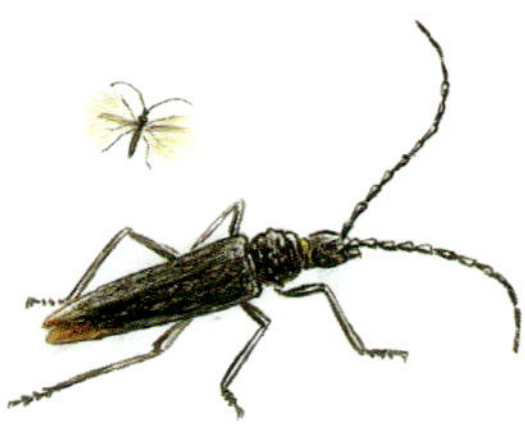

Grand capricorne

Lucane cerf-volant

Rosalie des Alpes

Libellules et demoiselles

Les libellules se divisent en deux groupes : les plus grandes sont les libellules, les plus petites sont appelées demoiselles (agrion et caloptéryx).

Agrion

Calopteryx

Libellules

Autres insectes

Les **guêpes**, les **frelons** et les **abeilles** ne piquent volontairement que si vous vous approchez trop près de leur nid - à moins d'une erreur, d'un choc, etc. La **syrphe** est un bel exemple de mimétisme : malgré sa ressemblance avec une guêpe, elle est incapable de piquer !
Le **chironome**, qui ressemble à un moustique, ne pique pas. Ce sont les chironomes qui forment ces nuages d'insectes au-dessus des marais, des pelouses fraîchement coupées… Le **tipule**, ou cousin… ne pique pas non plus !

Guêpe

Frelon

Abeille

Chironome

Chironome et moustique mâle ont des antennes plumeuses. Aucun ne pique, au contraire des moustiques femelles…

Syrphe

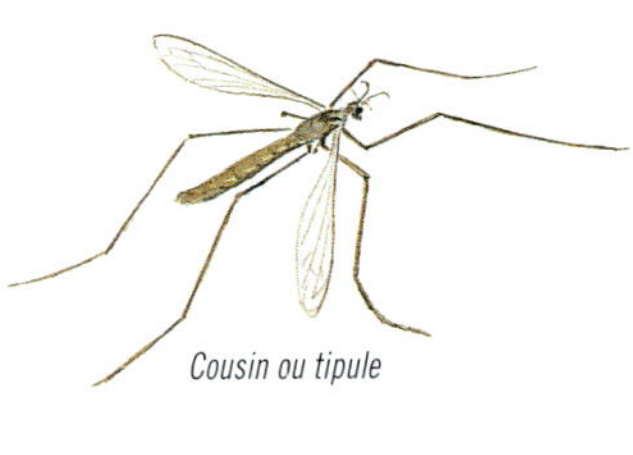

Cousin ou tipule

Poissons

Tous sont des poissons d'eaux douces sauf le mulet, poisson de mer et d'eaux saumâtres. L'anguille va également en mer.

Bord de **mer**

On appelle **laisse de mer** les algues et autres débris déposés par la mer quand elle se retire. Prenez le temps d'observer le rivage : à défaut de bouteille avec un message, vous y trouverez sans doute une grande variété de coquillages, de débris divers naturels ou non (une pince de crabe, un poisson mort, un « os » de seiche…). Les puces de mer habitent ce milieu.

Index

Les numéros en **gras** renvoient au Carnet du naturaliste.

Toutes les illustrations sont de Jean Chevallier à l'exception de celle p. 7 de Ph. Heidet et Y. Le Dimeet et de celle p. 86 de David Pinaud.
L'introduction est de Denis Allard, révisée par le Parc interrégional du Marais poitevin. Les textes du guide d'observation sont de David Melbeck (Fédération des clubs CPN, Connaître et Protéger la Nature), révisés par le Parc Interrégional du Marais Poitevin et les éditions Dakota.

Balades :
Guy Chézeau, Alexandre Dallaine et l'ACEDEM, Olivier Favreau, Xavier Fichet, Dominique Giret, Damien Marie, Sébastien Palier, Philippe Rouillier.
Les textes des balades ont été supervisés par le Parc interrégional du Marais poitevin.

Dakota éditions :
Direction éditoriale : Caroline Fait. Collection dirigée par : Axel Vicq. Mise en page : Emmanuelle Patient.
Avec la collaboration de Morgan Charveys et Camille Lévrier.

Remerciements :
Merci à Hélène Joncheray et toute l'équipe du Parc interrégional du Marais poitevin. Merci à tous les auteurs pour la qualité de leur travail et leur enthousiasme. Merci à Damien Marie pour ses « mojettes » ! Merci à Laurent Tullié de la Réserve de Nalliers-Mouzeuil. Merci également à toutes les personnes qui nous ont aidés à un moment ou à un autre de la réalisation de cet ouvrage : Emmanuel Joyeux (Réserve naturelle de la baie de l'Aiguillon), Deux-Sèvres Nature Environnement, le Groupe Ornithologique des Deux-Sèvres, Nature Environnement 17, la Maison du Maître de Digues, la Maison du Marais poitevin. Merci à Gérard Arnal, la SNPN et à la fondation Nicolas Hulot pour la Nature et l'Homme.

Ces guides n'existeraient pas sans les **associations de protection de la nature**, les parcs naturels régionaux, les parcs nationaux, les réserves naturelles et des institutions comme le Conservatoire du Littoral. Ces guides n'existeraient pas sans le travail essentiel de ces organismes et de ceux qui les soutiennent. Penser globalement, agir localement.

Malgré le soin apporté à cette édition, elle ne saurait être parfaite.
N'hésitez pas à nous écrire pour nous faire part de vos remarques.

Cartes IGN : les cartes IGN figurant dans cet ouvrage ont été réalisées à partir de fonds cartographiques de l'IGN – Tous droits réservés – Convention N° 9043.

Carte de la région : © Philippe Valentin, cartographe - Tél. : 05 34 66 55 18
www. oekoumenecartographie@orange.fr

© Dakota éditions, 2012 – ISBN 978-2-84640-357-3 – Dépôt légal : 2e trimestre 2012

Dakota éditions • 20, rue Bouvier - 75011 Paris • Tél. : 01 55 28 37 00 • www.dakotaeditions.com

Crédit photo
(a : haut, b : bas)

ACEDEM/J.-L. Eulin : 32, 34, 35, 50 • Mircea Bezergheanu/Shutterstock : 13 • Guy Chézeau : 1, 6a, 6b, 6c, 16, 18, 19, 20, 22, 23, 40, 42, 43, 46, 47, 48 • Collection du Parc interrégional du Marais poitevin/ D. Mar : 4, 5, 6d, 8, 9f, 9g, 30b, 31, 72 • Conservatoire botanique national du Bassin parisien : 9a, 9e, 9h, 9i, 38 • Dakota : 12 • GODS/J. Anthonioz : 86 • E. Joyeux/ONCFS : 14 • D. Marie : 44, 52, 54, 55 • S. Marseau : 7, 62, 68, 70 • S. Palier : 26, 36 • RN de Saint-Denis-du-Payré/F. Feve : 25 • RN de Saint-Denis-du-Payré/S. Palier : 24 • S. RN de Saint-Denis-du Payré/Rautureau : 25 • P. Rouillier : 9b, 9c, 9d, 56, 58, 60, 61, 64, 66 • L. Tullié : 30a.

Couverture : © Didier Tourneur / Naturimages

Imprimé en Italie par Graphart Printing